쿨한 바보의

차크라의 세계

참나로의 여행

김우형 쓰고 이유미 엮음

쿨한 바보의 차크라의 세계

1판 1쇄 발행일 2021년 11월 8일

글쓴이 | 김우형
엮은이 | 이유미

펴낸이 | 김완중
펴낸곳 | 내일을여는책

편집총괄 | 김세라
디자인 | 김다솜
관리 | 장수댁
인쇄 | 아주프린텍
제책 | 바다제책

출판등록 | 1993년 01월 06일(등록번호 제475-9301)
주소 | 전라북도 장수군 장수읍 송학로 93-9(19호)
전화 | 063) 353-2289
팩스 | 063) 353-2290
전자우편 | wan-doll@hanmail.net
블로그 | blog.naver.com/dddoll

ISBN | 978-89-7746-967-9
정가 | 15,000원

쿨한 바보의
차크라의 세계

– 참나로의 여행 –

김우형 쓰고
이유미 엮음

프롤로그

이 책에서는 주로 차크라(Chakra)에 대한 내용을 다루고 있습니다. 차크라의 완성과 관련해서 궁극의 직관력에 대한 부분도 소개하고 있습니다. 차크라와 궁극의 직관력은 밀접한 관계에 있기 때문입니다. 궁극의 직관력이 있다는 것은 모든 차크라를 개화하여 완벽한 차크라 상태에 존재하고 있다는 의미이기도 합니다. 그리고 완벽한 차크라 상태에 있다는 것은 삶을 부여받은 인간으로서 가장 완성된 곳에 이르렀다는 의미이기도 합니다.

제가 원래 관심을 갖고 공부해왔던 것은 궁극의 직관력이었지만 직관력을 향한 수련 과정에서 인간의 정신적인 힘과 육체적인 기능이 상호작용하는 차크라에 깊은 관심을 갖게 되었고, 차크라를 통해 인간 존재로서 우리가 알 수 있는 것들과 알아야 하는 것들을 엿볼 수 있었습니다. 육안으로는 감지가 불가능한 이 무형의 에너지는 물질세계를 살아가는 인간의 정신과 육체 활동을 가감 없이 보여 주고 있었습니다. 책을 통해 공부했던 것보다 실제 리딩(Reading) 상담을 하면서 새롭게 발견한 내용이 많았는데, 보이지 않는 에너지이다 보니 막연하게 느낄 수 있는 차크라의 세계이지만 여러분도 실생활과 밀접하게 연결 지어 이해할 수 있을 것이라 봅니다. 따라서 이 책에서는 주로 저의 개인적인 경험을 통해 깨달은 차크라의 세계를 공유해보고자 합니다.

차크라 리딩(Chakra Reading)과 직관력은 모두 공통적으로 초감각적 지각능력(Extra Sensory Perception) 혹은 심령적 수용력과 직·간접적으로 관계되어 있다고 할 수 있습니다. 저의 경우 선천적으로 초감각적 지각능력 혹은 심령적 수용력이 높은 편이었습니다. 초등학생 시절, 아침에 아무 이유도 없이 직관적으로 '무언가'가 떠오르면 오후에 그 '무언가'에 관련된 일이 실제로 일어나는 경우가 종종 있었습니다. 예를 들어 등교 전 갑자기 필통에 대한 이미지가 떠오르면 방과 후에 필통을 학교에 놓고 오는 일이 일어나기도 했습니다. 일상으로부터 다소 일탈에 가까운 '무언가'가 강렬한 메시지로 팝업(pop-up) 되거나 느껴졌던 것입니다. 비슷한 식으로 사소한 알아차림이 계속 일어나게 되자 나중에는 아침에 '무언가'가 떠오르면 '무언가'에 대한 일이 앞으로 생기겠다고 조마조마하며 그 '무언가'를 등굣길 내내 되뇌면서 학교에 가기도 했습니다.

그 무렵의 저에게는 남다른 심상화 능력도 있었다고 기억됩니다. 예를 들어 TV 만화영화 등에서 이미 본 장면을 재현해서 구체적으로 시각화하고 그것을 바탕으로 새롭게 나름의 이야기를 만들어서 공상하는 것을 대단히 즐겼습니다. 당시 한 장면 한 장면을 총천연색으로 세부 묘사하여, 스토리가 있는 한 편의 영화 같은 입체적 공상을 해나가며 특별한 장난감 없이도 꽤 오랜 시간 혼자 놀곤 했습니다. 다른 아이들이 좋아하는 육체적인 활동보다 생각의 영역으로 수용하고 창조해내는 놀이가 저의 본성에 맞았다고 느낍니다.

그런 식의 경험이나 놀이는 성장할수록 점차 줄어갔지만, 그럼에도 그러한 능력이 잠재되어 있기 때문인지, 생각을 거치지 않고 바로 대상을 아는 직관(直觀)에 대해 학문적으로 탐구해보고자 하는 욕심으로 이어졌습니다. 어린 시절이라는 한정된 영역으로부터 점차 더 넓은 직관의 세계로 이어가기 시작한 것입니다. 직관과 관련된 책들을 찾아서 탐독해 나가다가 나중에는 공부를 더 철저히 해서 궁극의 직관력에 대한 책을 써야겠다는 생각을, 그야말로 직관적으로 하게 되었습니다. 실제로 그 이후 직관과 관련된 자료를 모으고 직관력을 높이기 위한 다양한 시도·시험을 하는 등 십여 년에 걸쳐 집필 준비를 꾸준히 해왔습니다.

그런데 처음에는 직관에 대한 모든 것을 알아내야겠다는 마음이 있었지만, 그것이 설마 가능할까 하며 소극적이고 회의적인 생각이 들기도 했습니다. 마음공부 및 수련을 본격적으로 하는 과정에서 마음 그 자체 그리고 모든 영적 원리에 대해 깊이 이해하고 나서야 그 계획 혹은 꿈을 완수할 수 있겠다는 자신감이 생겼습니다. 그러한 내면의 변화를 바탕으로 더 적극적인 자세를 갖고 노력해오면서 결국 궁극의 직관력을 얻을 수 있는 많은 비밀을 풀 수 있었습니다.

차크라를 포함한 에너지 리딩 능력은 성인이 된 후 지병의 치유를 위해 몸과 마음을 닦아나가는 과정에서 자연스럽게 발견하였고 비로소 사용할 수 있게 되었습니다. 몸과 마음을 닦아나가는 과정에서 철학, 심리학, 종교 관련 서적을 통한 공부가 선행되었는데, 분야는 서로 달라 보이지만 인간의 정신 영역을 다룬다는 측면에서는 다 같은 근본 학문이라 할 수 있을 것입니다. 차크라 또한 인간의 육체 활동과 불가분의 관계에 있는 정신 영역을 보여 주는 지표입니다. 그래서 다양한 학문적 습득은 차크라에 대한 이해에 큰 도움이 되었고, 실제 차크라 리딩 상담을 하게 되었을 때는 단순히 내담자를 리딩하고 조언해주는 역할 외에도 진정한 자아를 발견하여 회복해나가는 방법에 대해서도 상세히 깨우칠 수 있었습니다.

이 책에서는 제 삶의 주된 관심사였던 궁극의 직관력에 대한 방법적 접근, 차크라를 개화하고 참나(眞我)와 합일하는 과정을 직·간접적으로 제시했습니다. 십여 년의 심신 수련 과정이 결코 순탄하지만은 않았지만 때로는 처절하고 때로는 그 무엇보다 간절한 마음이 되기도 했습니다. 이 책은 그러한 시간을 통해 체득한 내용으로 구성되어 있습니다. 여러분은 궁극의 직관력에 이르는 길을 차크라라는 무형의 도구를 통해 이해할 수 있을 것입니다. 또는 여러분의 실제 삶에 빗대어 각자의 주된 차크라를 가늠해보거나 삶 자체를 되짚어보고 다시 설계해보는 계기를 만들 수도 있을 것입니다.

책의 후반부에는 그동안 노력해온 결과 최종적으로 '쿨한 바보'의 태도를 지향하게 된 것과 관련된 설명이 있습니다. 말하자면 '쿨한 바보'다움에 궁극의 직관력과 차크라 개발에 대한 핵심 비밀이 모두 숨어 있다고 할 수 있습니다. 또한 참나를 찾는 것이 무엇인지, 또 어떻게 해야 참나의 모습으로 살아갈 수 있을 것인지 쉽고 자연스럽게 이해할 수 있을 것입니다.

김우형 작가를 추억하며

사람들이 바삐 오가던 춘천의 버스터미널에서 김우형 작가를 처음 만났습니다. 큰 키의 뒷모습이 오래도록 흔들림 없이 서 있더군요. 그 모습이 하도 인상 깊어 저는 한참을 그렇게 그의 뒷모습만 바라보았습니다.

이후로 그와는 둘도 없는 친구로 지냈습니다. 차크라에 대한 단상이 대화에서 큰 비중을 차지했고 세상과 관계 맺는 다양한 방식들에 대한 이야기도 많이 나누었지요. 모든 이야기에 서로 공감하고 어떤 이야기도 편하게 나눌 수 있다는 점이 놀라웠지만, 그는 말수가 극도로 적었습니다. 필요하지 않은 말은 일절 하지 않았고, 필요한 말은 수없이 생각하고 거르고 정제한 뒤에 간결하게 표현했습니다. 그의 머릿속에 들어있던 무수한 생각들을 말로는 다 표현할 수가 없었던 것인지, 세상을 바라보는 눈이 한 점으로 통일되어 있었던 것인지, 저는 그때그때 짐작만 할 뿐이었습니다. 그의 깊은 세계를 가늠하기는 그만큼 어려웠습니다.

차크라는 그를 유일하게 세상과 연결해주는 든든한 고리 역할을 했습니다. 세상의 영화로운 것들은 그에게 전혀 중요하지 않은 것들이었지만 어떻게든 삶을 살아내야 하는 그에게는 모든 순간이 수련일 수밖에 없었지요. 그 수련의 과정을 사람들이 이해하도록 표현할 수 있는 것이 차크라였습니다.

이 책은 그가 사람들의 차크라를 읽고 이야기해주던 과정에서 얻은 통찰입니다. 아무리 바른말을 하고 사람들로부터 인기를 얻고 사는 사람일지라도 그 본연의 빛은 왜곡되어 있을 수도 있고, 세상이 부여한 가치가 결핍되어 있더라도 영혼은 궁색함 없이 밝은 빛으로 가득 차 있기도 합니다. 우리는 자신을 스스로 어느 정도 포장하지만, 영혼의 빛까지 가릴 수는 없습니다.

차크라를 읽는다는 것은 각자의 진실한 빛깔을 알게 해주는 것입니다. 그러나 차크라는 변하지 않는 고유한 빛깔이 아니며, 우리의 생각과 말과 행동이 어떻게 영혼과 유기적으로 움직이고 있는지 보여주는 지표입니다. 차크라에 예속될 수도 없고, 진실함이 결여된다면 마음대로 조종할 수도 없습니다. 있는 그대로를 보여주며 있는 그대로를 알게 해주는 것이 차크라입니다. 그렇다고 단순히 우리의 몸과 마음, 영혼을 보여주는 일곱 군데의 센터가 아니라 그 빛이 무한대로 품고 있는 세상의 모든 것입니다. 따라서 일곱 차크라로 표현되는 그의 언어를 잘 들여다보면 결국 무극(無極)을 이야기하고 있음을 알게 됩니다.

어느 날 작가는 저에게 '어떤 찰나'에 대한 이야기를 했습니다. 준비되지 않고 예기치 않았던 어떤 찰나에 '반짝' 하는 깨달음을요. 사실 알고 보면 그 찰나를 위해 무수한 삶을 고통으로 살면서, 때로는 고통인 것을 망각하고 때로는 고통을 과장되게 경험하는 시행착오들이 필요했겠지요. 그와의 만남도, 대화도, 주고받은 따뜻한 마음과 이별까지도 그 시행착오에 일조했던 것을 이제 알게 되었습니다. 그가 떠나고 없는 이제야 말입니다.

그에게서 처음 이 원고를 받아보았을 때는, 세상 사람들과의 일반적인 소통을 다소 버거워하던 그의 마음이 여실히 느껴졌습니다. 그러나 사람들에게 들려주고 싶은 이야기는 벅차도록 그의 가슴에 차오르고 있었습니다. 그와 두고두고 삶과 죽음, 영혼과 깨달음에 대한 이야기를 밤새도록 나눌 줄로만 알았는데 어쩌다 저는 그가 남긴 글을 정리하게 되었습니다. 해를 거듭할수록 함께 성장해가는 모습을 보며 서로를 대견해 하는 그런 친구로 지낼 줄로만 알았는데 그가 했던 이야기들을 더듬어 이 한 권의 책으로 마무리해야 합니다. 이 삶에 남겨진 저는 가끔 그가 없는 세상이 참으로 허망하고 슬프기도 합니다. 그러나 저의 기억 속에, 희미하게 웃는 그의 모습이 저를 다시 미소 짓게 만들기도 합니다.

그의 글들은 다소 다듬어지지 않았지만, 최대한 그의 뜻을 살리고자 했습니다. 제6차크라, 즉 진리와 진실을 알아보는 힘을 가진 사람이라면 그의 순수한 열정을 알아보리라 믿기 때문입니다. 진실의 힘은 언어에만 있지 않기 때문이지요.

김우형 작가는 이번 삶의 41년을 뒤로 하고 홀연히 떠났습니다. 그리고 우리가 처음 만났던 춘천의 조용한 숲으로 들어갔습니다. 이제는 보이지 않는 그의 뒷모습을 그려봅니다. 해마다 11월이면 그를 만나러 춘천에 가겠지만 그의 깊은 눈빛은 늘 제 영혼을 비추고 있을 것입니다.

2021년 가을, 이유미

'참나로의 여행'을 떠난 아들에게

매우 그립구나!

나보다 더 깨달음이 많고 자제력, 통찰력이 뛰어난 어른 같은 나의 아들 우형아! 너를 생각하고 또 생각할수록 네가 사랑스럽고 가슴이 시리게 다가온다.

너는 세상에서 가장 순수하고 맑은 영혼을 지닌 사람이었다. 풀 한 포기도, 보잘것없는 미물도 해치지 않는 심성을 지녔으며, 그러기에 사람들에게 더욱 피해를 주지 않고 도움을 주고자 노력하던 너였다. 사랑하는 사람들에게 마음의 상처를 주지 않기 위해 수많은 책과 글, 추억들을 모두 지우고 오직 이 글만을 남겨 둔 채 홀연히 먼 여행을 떠난 아들!

어느 날 나는 인문학, 종교, 역사, 동서양 철학에 관련된 너의 지식의 경지를 알게 되었다. 나의 정신세계보다 몇 단계를 뛰어넘는 고차원의 경지, 예지력과 통찰력, 특히 자신을 스스로 제어하는 능력은 나를 놀라게 했었다. 너는 나의 아들로 살았지만, 정신적 깨달음에서는 나의 스승처럼 여겨지곤 했었다.

아들아! 나는 너를 뒷받침해주고 싶었단다. 너의 꿈을 실현할 수 있는 공간, 힐링센터를 만들어주고 싶었고 명상, 요가, 심신 단련, 대체의학에 관한 연구를 지원해주고 싶었고 특히 마음을 치유하는 도량을 만들어주고 싶었다. 그런 연유로 다녀온 원주의 자연휴양림 답사가 너와 함께한 마지막 여행이 되어버렸구나.

그러나 너의 생각들은 지금, 이 순간, 이 공간에도 존재한다고 믿는다. 그 정신의 홀씨들이 흩어져 날아다니다가 공감하는 사람을 만나게 되고 현실화하는 것을 생각해보기도 한다. 너의 글과 너의 친구 이유미 작가가 서로 이어져 이렇게 책으로 나오게 되었으니 이 모든 것도 우연이 아니라고 본다.

너는, 모든 사람에게 내재하고 있는 참나는 누구나 똑같고 둘이 아니라고 했다. 부처님의 마음, 예수님의 마음, 부모님의 마음 그리고 내 마음을 모두 합치더라도 여러 개가 아니라 결국 하나라고 했다. 보이지 않는 차원에서 마음의 근본은 서로 연결되어 있고 우주는 하나의 유기체로서 한 치의 오차도 없이 정확히 맞물려 돌아간다고 했다. 그래서 서로에게 긴밀한 영향을 주고 있다고 했었지.

너의 깊고 맑은 호수 같은 마음, 가을 하늘처럼 투명하고 깨끗한 정신세계를 글로 남겼으니 이제 거기에 감응하는 사람들이 움직일 차례다. 그렇게 너의 깊은 영혼은 이 세상에 긴밀한 영향을 주리라 믿는다.

네가 좋아했던 대행 스님의 법문을 떠올려본다.
"아무 자취도 남기지 않는 발걸음으로 걸어가라. 일체의 것에 물들거나 집착하지 않는 대장부가 돼라. 가장 평범하면서도 가장 비범한 대장부가 돼라."

대장부! 내 아들을 무한대로 사랑한다!

아버지 김광현

목차

2장 직관력에 새로운 날개를 달다

3장 '자기다움', 궁극의 직관력을 말하다

4장 '쿨한 바보'의 길을 가다

1장
궁극의 직관력, 그 비밀을 찾아서

마음의 주인이 되기를 꿈꾸며

제가 하고 있는 일은 크게 차크라 리딩 상담과 만다라를 통한 명상 교육 두 가지입니다. 처음부터 영성에 관련된 일을 하려 했던 것은 아니었습니다. 그동안 많은 시행착오를 겪어 오며 지금의 일을 하게 된 것인데, 먼저 제 과거 이야기를 설명해 드리겠습니다.

사춘기 시절부터 영화광이던 저는 원래 영화 연출을 하는 것이 꿈이었습니다. 사실 20대 후반까지 영화 연출 외에 다른 직업을 갖는 것은 생각조차 해보지 않았을 정도로 영화에 대한 애정과 열정이 남달랐습니다. 중·고등학교 시절 주말마다 혼자 극장에 가는 것이 유일한 취미였고, 그때부터 영화계에서 일해야겠다는 생각을 막연하게나마 늘 갖고 있었습니다. 그러나 필요 이상으로 강압적이고 권위적인 학교 분위기가 싫어서였는지 학교생활에는 잘 적응하지 못했습니다. 건강이 좋지 못했던 것이 가장 큰 이유일 수 있지만 많은 이유로 학교 다니는 것을 매우 버거워했습니다. 그때는 미래의 꿈에 대한 목표 의식을 좀 더 구체화하지 못한 채 공부도 열심히 하지 않았습니다. 결국 대학 입시에서 영화과 입학에 실패하고 전문대에 진학했습니다. 그러나 나이가 들면서 점점 영화계 일에 대한 열망은 커졌고 4년제 대학 편입 과정을 거쳐 대학원 영화과에 들어갔습니다. 대학원 진학 후에는 실제 영화 제작을 위해 시나리오를 쓰고 연출을 해야 하는 상황 앞에서 저 자신의 한계를 여실히 확인하며 수시로 좌절을 맛봤습니다. 영화에 무슨 메시지를 담아야 하는가에 대한 본질적인 부분부터 큰 혼란을 느꼈습니다. 꿈과 현실의 간극이 너무도 크게만 느껴졌습니다. 연출자로서 부적격하다는 생각마저 들었고 저 자신에 대해 깊이 실망하며 깊은 자책감에 빠지기도 했습니다. 심한 갈등 속에서 결국 꿈을 무한정 연기할 수밖에 없음을 인정하고 대학원은 수료 상태에서 마쳤습니다. 연출자로서 현실을 주체적으로 볼 수 있는 안목 그리고 특히 자신에 대한 이해가 부족하다는 것을 깨달은 그때부터 무엇이라도 더 배우며 삶의 전환점을 마련해야겠다고 생각하게 되었습니다.

그러던 중 서른 살 무렵에 실제로 인생의 큰 전환점을 마련할 수 있는 계기가 있었습니다. 난생처음으로 지병의 치유를 위해서, 보다 적극적으로 마음공부와 몸 수련을 시작했는데 전에는 상상도 하지 못했던 엄청난 일들을 계속 겪었습니다.

저는 초등학생 시절 이후 뇌전증(腦電症, epilepsy)[1)]이라는 병 때문에 오랜 시간 큰 고통을 받아왔습니다. 거의 매일 수면 중에 몇만 볼트의 전기에 감전된 듯한 격렬한 통증과 함께 발작을 일으켰고 병원 진료를 계속 받아야 했습니다. 그러나 약의 부작용으로 심신이 더 힘들기만 했고, 병원 진료는 지병 치유에 실질적인 도움이 되지는 못했습니다. 오랜 세월을 그렇게 살아오다 결국 서른 살이 되었을 때, 나 스스로 지병을 치유해야겠다는 결심을 하고 병원 치료를 포기했습니다.[2)] 그 이후 아버지의 소개로 알게 된 스님과 원극기공(元極氣功)이라는 수련을 하는 분들로부터 명상과 기(氣) 수련법 등을 배웠습니다. 이때 처음으로 마음공부에 관심을 갖고 점차 내면의 눈을 뜨게 되었습니다.

수련에 집중했던 그 기간에 존재 자체를 뒤흔들 정도로 전면적인 변화를 가져다준 결정적 사건이 있었습니다. 그것은 뇌전증 중첩 증

---

1) 과거에는 '간질'이라 불렸으나 사회적 편견과 용어가 주는 낙인효과가 커서 현재는 '뇌전증'이라 불립니다.

2) 저의 경우 서른 살 이후 병원 진료를 받은 적이 한 번도 없었습니다. 그것은 별도로 수련을 하고 대체의학 공부를 해서 스스로 병을 통제하며 이겨낼 수 있는 역량을 어느 정도 마련했기 때문에 가능한 것이었습니다. 뇌전증 환자가 약 복용 및 병원 진료를 임의로 중단하는 것은 권할 만한 일이 아니고 매우 위험한 일이라고 합니다.

세 그리고 수련 중 상기증(上氣證)이 포함된 주화입마(走火入魔)로 인해 겪었던 여러 번의 임사체험과 변성의식 상태의 경험입니다. 그때 깊은 트랜스(trans) 상태 속에서 죽음의 극한까지 내몰리는 일을 반복해서 겪었습니다. 그 결과, 삶을 바라보는 시선이 근본부터 바뀌게 되었습니다. 순식간에 인격을 넘어서 존재의 변용이라고 할 수 있을 정도로 전면적인 인식의 대변화가 생겼습니다. 몸에 치명상을 입거나 목숨을 잃을 수도 있는 상황에서 말로 표현하기 힘든 큰 고통을 겪으며 극심한 정신적 위기에 직면했던 것입니다. 변성의식 상태에서 마음 너머, 무의식의 거의 밑바닥까지 내던져졌다고 보는데, 그런 고통스러운 상태에서 샤머니즘, 종교, 고대 신화와 관련된 다양한 원형적 상징과 이미지들을 수차례 보게 되었습니다. 그러한 이미지들이 어떤 의미인지 당시에는 전혀 파악할 수 없었고 그럴 힘조차 남아있지 않았습니다.

그 이후 삶과 죽음의 경계 속 초월적 공간에서 보았던 그 다양한 암시적 상징들에 대해 깊은 의문이 생겼고 종교나 형이상학적인 것에 대해서도 자연스럽게 관심을 갖게 되었습니다. 몸과 마음이 잠시나마 고통에서 벗어나 여유가 생길 때면 도서관에 드나들며 인문학, 사회학, 종교, 영성에 대한 책을 탐독했습니다. 삶과 죽음이 늘 공존해 있던 상황, 고통과 변성의식 상태가 계속 반복되던 그 무렵에는 그렇게 공부에만 매달리게 되었습니다. 임사체험 및 여러 사고를 겪은 후 자신에 대한 이해가 선행되기 전에는 도저히 다른 일을 할 수 없었고, 수행과 독서로 30대의 시간 대부분을 보냈습니다.[3] 철학자 하이데거는 죽음이 '존재의 부름'에 귀 기울이는 계기라고 설명했습니다. 보통 죽음을 포함하고 있는 삶을 무시하고 죽음을 바로 보지 않는 경우가 많은데, 치명적인 사고들을 겪은 후 죽음이란 우리에게 아주 가까이 있고 언제든지 일어날 수 있는 것임을 철저히 자각하게 되었습니다. 그렇기에 더욱 자연스럽고 진정한 자아를 찾는 데 몰두하게 되었습니다.

그러다 저 자신에게 아직도 부정적 그림자로 남아있는 사고를 30대 중반에 겪었습니다. 빨리 지병을 완치시켜야겠다는 생각만 하며 수련에 과욕을 부린 것이 화근이었습니다. 당시 며칠씩이나 잠을 자지 않고 수련하다가 또다시 상기증을 얻어서 환청, 환각에 시달렸고 급기야 방 유리창에 몸을 던져 집 밖 정원으로 떨어졌습니다. 그때 깨진 유리에 몸을 심하게 다쳐 과다출혈로 피투성이가 된 채 의식을 잃고 구급차에 실려 갔습니다. 요즘도 어머니는 눈물을 흘리시며 당시 사고 현장을 얘기하시곤 합니다. 제 몸에서 피가 하늘로 솟구치는 것

---

3) 흔히 죽음이 있기에 종교가 있다고 합니다. 그러한 체험을 한 후 영성에 눈을 뜨고 종교와 관련된 공부에 깊이 몰입하게 되었습니다. 처음에는 주로 신화, 종교와 관련된 책들만 읽었는데 점차 인문학, 사회과학 공부의 필요성까지 느꼈고 결국 자연과학의 고전을 포함해 분야를 가리지 않고 폭넓게 책을 읽게 되었습니다.

을 보셨던 충격은 이루 말할 수 없었다고 합니다. 그만큼 많은 피를 흘렸고 위급한 상황이었습니다. 일상적인 사고의 수준을 넘어 목숨까지 위태로운 지경이었습니다. 다행히 목숨은 잃지 않았지만, 지병 외에 설상가상 사고 후유증이 더해져 그 이후 몸과 마음의 괴로움은 몇 곱절로 더 커져 버렸습니다. 전자제품으로 치면 주요 회로가 모두 시커멓게 타버린 것과 같은 몸 상태로, 심신의 에너지적 불균형이 더욱 심해졌습니다. 결국, 나중에는 몸을 다친 데가 많아지면서, 심신의 고통이 지병으로 인한 것인지 사고 후유증 때문인지 모를 정도까지 되어버렸습니다. 지병과 그러한 과거 여러 사고로 인한 후유증 때문에 수면 중에 큰 통증을 일상적으로 겪어야 했습니다. '고통의 왕국' 이라는 또 다른 세계 속에 또 다른 내가 있는 것은 아닌가 하고 자주 자문해 봤을 정도로 부정적 영향을 매우 심하게 받아온 것이 사실입니다.[4)]

그럴수록 하루빨리 지병을 완치시키고 경제적 독립을 해야 한다는 책임감 혹은 부담감이 이루 말할 수 없을 만큼 커졌습니다. 더 이상 가려고 해봐야 갈 곳도 없게 되면서 점점 더 간절함과 절실함 속에

---

4) 30대 내내 직장 생활을 하지 않고 주로 집에서 지냈는데 부모님은 저에게 단 한 번도 잔소리하지 않으셨습니다. 밤이면 지병의 고통으로 단순한 신음이 아닌 비명에 가까운 소리를 지르는 것을 가까운 곁에서 들어오셨고 저의 아픔을 누구보다 잘 알고 계신 만큼 저의 그런 생활을 아픈 마음으로 이해해 주셨습니다.

서 탈출구를 찾는 데만 집중했습니다. 그래서 혼자 정신과 육체를 같이 수련하며 성명쌍수(性命雙修) 하는 것 외에도 응용근신경학(Applied Kinesiology)의 발전기법인 생체정보반사학(Specialized Kinesiology)까지 배웠습니다. 영기학 수련에도 입문하여 마음, 영혼에 대해서 더 심도 있게 공부해나갔고, 뜸이나 침술을 포함한 대체의학 관련 강의도 들으러 다니면서 영·혼·육을 함께 치유하는 힐러로서의 역량을 키우는 데 집중했습니다. 당시 살이 찢기는 듯한 심신의 고통이 먼저 해결되지 않은 상황에서는 아무리 좋은 직장을 갖고 부귀영화를 누린다 해도 무의미하다는 생각뿐이어서 온통 그런 수련과 공부를 하는 데만 몰입했습니다.

온전하지 못한 건강 그리고 경제적 어려움의 아픔을 자기 단련의 기회로 삼아서 그동안 그렇게 지속적으로 노력을 해온 결과 마침내 결실을 이룬 부분이 있다면, 마음의 본질과 구조를 이해하고 진실한 실재를 간파할 수 있는 한층 더 깊은 통찰과 지혜를 갖게 된 것입니다. 치열한 내면의 투쟁을 거친 후 이제는 나름대로 주체적으로 생각하고, 느끼고, 사는 것이 가능해졌습니다. 과거 영화 연출자로서 나만의 시각과 안목이 부족함을 깨닫고 영화계 일을 포기했었는데 수련과 공부의 영향으로 그런 약한 부분도 만회할 수 있을 정도가 되었습니다. 본연의 나다움을 찾게 된 것입니다. 당시 외적으로는 거의 모든 것을 잃었지만 내적 세계에서는 진정한 나를 인식하게 되었고, 결과

적으로는 삶이라는 연습장에서 더욱 가치 있는 모든 것을 얻을 수 있었다는 생각이 듭니다.[5)]

영적 전통에 대한 공부를 계속해나가면서, 몸과 마음이 산산이 부서졌다가 재생되며 영적 자각을 한 일이 티베트 금강승 불교의 영적 스승 나로파[6)]의 각성 체험과 비슷한 점이 있음을 알게 되었습니다.[7)] 나로파는 열두 가지 시련을 통해 금강승의 깨달음을 성취했다고 합니다. 그는 언어나 개념이 아니라 직접 고문과 같은 고통을 포함하여 극도로 강렬한 체험을 하는 등 실제 물리적 경험을 통해 에고를 초월했습니다. 나로파는 갖은 고초를 겪고 마침내 그것을 기반으로 '나로파 육법'의 가르침을 탄생시킨 것으로도 유명합니다. 저 또한 바닥까지 내려가 지병과 가난의 고통을 겪고 한계를 극복하는 과정에서 체득한 소중한 교훈을 현실 삶에서 오롯이 승화시켜야겠다는 생각을

---

5) 과거의 임사체험과 지병으로 인한 극단적 괴로움의 경험에는 '입문(initiation)' '통과제의' 혹은 '샤먼의 입무(入巫)' 과정의 의미가 있다는 생각이 듭니다. 입문, 통과제의를 통해 성숙한 성인이 되듯이 시련을 겪고 그것을 극복해 나가는 과정에서 견고한 자아의 해체와 함께 의식의 도약을 이룬 측면이 있는 것이 사실입니다. 그리고 진짜 '샤먼의 입무'처럼 죽음과 재생의 고행을 통해 차크라 리딩 등 잠재된 일부 초감각적 지각능력(ESP)을 깨워 그것을 활용할 수 있게 된 부분도 있습니다.

6) 나로파(1016~1100)는 브라만 가문에서 태어나 활동했던 성자입니다. 후에 스승인 틸로파를 만나 마하무드라의 밀법을 성취하였고 티베트 불교의 한 맥락인 카규파를 일으켰습니다.

7) 저의 영적 각성의 경험을 나로파 존자와 같은 현자의 각성 체험에 빗대는 것이 지나친 비약 혹은 무리한 시도가 아닌가 걱정됩니다.

갖고 있습니다. 그런 점에서 과거 체험을 통한 생생한 배움의 내용을 여러분과 공유하고 싶은 마음입니다. 다음 장에서는 그간 궁극의 직관력에 대해 공부하며 확인하고 나름 체계적으로 정리한 내용을 소개하겠습니다.

뇌전증(雷電症)에 대하여

이 책에서 제가 어떤 지병을 앓고 있었는지 공개한 것은 일반인들의 뇌전증에 대한 편견을 불식시키기 위해서이기도 합니다. 그리고 주변의 뇌전증 환우들을 보면 실업률, 미혼율도 높고 사회적 편견과 차별로 인해 정신적 고통까지 받는 경우가 상당히 많습니다. 병원 치료 외에 어떤 대안도 없이 고통받으며 좌절하고 있는 그들에게 제가 완치된 사실을 밝혀 희망의 빛을 전하고 싶기도 했습니다.

고대 의학계에서는 뇌전증을 신이 내리는 신성병(神聖病)이라고 규정하기도 했습니다. 뇌전증이 사회적 냉대를 받게 된 것은 근대 이후 '신의 영광'이 아닌 정신병으로 분류되면서부터입니다. 위인 혹은 천재로 알려진 소크라테스, 피타고라스, 뉴턴, 고흐, 모파상, 단테, 도스토옙스키, 알렉산더, 나폴레옹, 시저, 바이런, 파스칼, 차이콥스키 등이 모두 뇌전증을 앓았을 거라고 추정되는 사람들이기도 합니다.

그리고 뇌전증의 절반 이상은 그 발병 원인도 정확히 찾을 수 없다고 합니다. 저의 경우도 전형적 뇌전증 증상을 보이는 것이 아니고 오히려 상기증 상태에서 오는 이상증세와 유사한 점을 많이 갖고 있습니다. 정상인이 군대에서 기합을 받던 중에 머리를 다치거나 교통사고를 당해 뇌 손상, 뇌혈관 질환이 와서 뇌전증에 걸린 사례도 있습니다. 말하자면 뇌전증은 일상적인 병으로 봐도 될 만큼, 특정한 사람만 걸리는 낯선 병이 아니라고 할 수 있습니다.

실상과 다르게 현재 뇌전증에 대한 사회적 인식이 매우 부정적인 것이 사실입니다. 앞으로 뇌전증 완치자로서 뇌전증 환우의 치유를 돕는 것 외에도 책임감을 갖고 뇌전증에 관한 오해와 왜곡된 인식을 바로잡기 위해 나름의 역할을 적극적으로 해 나가고자 합니다.

궁극의 직관력의 기초 노하우를 얻다

저의 경우 선천적으로 직관력이 발달해서 그런지 다른 책들보다 직관과 관련된 책을 읽으면 더 재미도 느끼고 그 내용에 대한 이해도 무척 빨랐습니다. 서른 살 무렵부터는 인문학 및 다양한 영적 전통에 관해 공부를 지속적으로 해오면서 자연스럽게 종교 외에 심리학 · 철학적 관점[8)]에 이르기까지 직관에 대해 다차원적으로 이해하게 되었습니다. 특히 심신 수련과 함께 마음공부를 본격적으로 하면서 생각과 존재의 궁극적 본질에 대한 각성이 생겼고 고도의 직관력을 얻는 구체적 방법도 파악할 수 있게 되었습니다.

---

8) 심리학자인 C.G.융은 직관을 사고, 감정, 감각과 함께 의식의 4대 기능에 포함시켰습니다. 그리고 철학자인 스피노자, 에드문트 후설, 베르그송, 화이트헤드는 직관을 진리를 인식하는 철학적 방법론으로 여겼습니다.

그즈음 과거의 막연한 추측 차원이 아니라 실제로 직관력에 대한 책을 쓸 수 있겠다는 자신감이 생겼습니다. 독서 경향도 책을 쓰기로 마음먹으면서 바뀌었습니다. 철학 등 다른 인문학 서적보다는 라마나 마하리쉬 같은 아드바이타 베단타의 스승들 혹은 선불교 조사들의 가르침 등이 담긴 종교 서적을 집중적으로 많이 읽었습니다. 공부를 계속해나가면서 궁극의 직관력을 얻기 위해서는 마음을 초월하여 결국 참나와의 합일이 필요하다는 것을 알게 되었습니다. 우리의 마음, 감정, 육체는 시간이 지남에 따라 변하지만 변하지 않는 그 무엇이 있는데 그것은 어떠한 외부의 환경, 조건에서도 절대로 더럽혀지거나 영향을 받지 않습니다. 그것이 의식 너머의 참나라고 할 수 있습니다.

여기까지 파악해 내는 데도 많은 시행착오를 겪어야 했는데 그 기본적인 원리를 먼저 정리해보자면, 모든 앎과 행동은 '생각할 여지 없이' '저절로' '자발적으로' '자연스럽게' 이뤄져야 한다는 것입니다.

예를 들자면, 걸을 때 내가 이 발자국을 떼어 놓아야겠다는 '생각 없이' 떼어 놓을 때가 되면 '저절로' 그냥 하는 것입니다. 혹은 일상생활에서 방문이 어디 있는가를 단 일 초도 '생각하지 않고' '자연스럽게' 그냥 일어서서 걸어나가는 것을 떠올려 보시기 바랍니다. 이 단순한 두 가지 예에 궁극의 직관력을 얻을 수 있는 중요한 힌트가 숨어 있습니다.

다른 예 하나를 더 들어보겠습니다. 자식이 물에 빠졌을 때 구할까 말까 '생각할 새도 없이' 물에 뛰어드는 부모의 마음을 생각해 보시기 바랍니다. 그런 상황에서는 어떠한 '생각도 하지 않고' '저절로' '자발적으로' '자연스럽게' 즉시 감응하여 행동하게 됩니다.

부모나 부부 등 일심동체(一心同體)라 할 만큼 진정한 관계에서는 타인을 자신처럼 생각하고 서로 분리감이 없기 때문에 대화하지 않아도 상대방이 원하는 것을 쉽게 파악할 수 있습니다. 상대방이 원하기 때문에 나를 희생하는 것이 아니라, 원하든 원하지 않든 진정한 연결이 있는 관계에서는 중요한 모든 것이 자연스럽게 일어납니다. 에고의 분리의식 없이 서로 '한마음(一心)'이 된다면 일체감 속에서 상대방의 마음과 '애씀 없이' 교감이 되고 감응하며 '저절로' '자발적으로' '자연스럽게' 알게 될 수 있습니다.

궁극의 직관력도 그런 식으로 일체 모든 것을 자신으로 생각하며 둘로 보지 않을 때 '한마음'으로서 마음과 마음이 '가고 옴이 없이' 서로 통하면서 나오는 것이라고 할 수 있습니다. 결국 궁극의 직관력을 가지려면 앞의 설명처럼 마음을 초월하여 참나와 하나가 되어야 한다는 의미와 같습니다. 에고의 분리의식을 뛰어넘어 참나와 합일하

며 모두의 마음의 근원, 전체의식과 소통·연결될 때 나오는 것입니다.[9)]

나의 참된 본성과 타인의 참된 본성은 다르지 않습니다. 따라서 개별적인 자아를 초월해 스스로 먼저 참된 본성을 회복하면 타인의 참된 본성과도 일치하게 됩니다. 그때 '한마음'의 전체의식 상태를 함께 공유할 수 있습니다. 그런 식으로 에고의 마음이 없는 공성(空性)을 유지한다면 '한마음' 속에서 또 다른 나라 할 수 있는 존재 전체와 이심전심(以心傳心)으로 마음과 마음이 통하며 직관적으로 교감·감응하는 것이 가능하게 됩니다. 그 에고를 초월한 공(空)은 '비어있음'과 '차 있음'을 초월하면서 포함하는 공이라 할 수 있습니다. 그러한 공성(空性)을 유지하면 어떤 상황, 어떤 조건에서도 조화롭게 대응할 수 있습니다. 그리고 공성에는 기본적으로 현존(現存)하는 것이 필요합니다.

예컨대 진흙땅에서 흙탕물에 젖지 않고 연꽃이 피듯이 자아중심성이 없는 순수한 자각을 언제나 늘 유지하며 그 무엇에도 사로잡히지 않는 마음의 연꽃을 피우는 것이 필요합니다. 말하자면 생각을 하는 매 순간 공(空)한 내면의 중심을 지키며 어떠한 것에도 물들지 않고 항

9) 전체의식을 갖는 것은 추구해 가야 할 인생의 목적이라기보다는 매 순간 이루어지는 나 자신 안에서의 발견이라고 할 수 있습니다.

상 에고의 마음을 놓아버려야 합니다.[10] 그런 식으로 판단, 분별, 집착 등 에고의 부정성을 비워야 '한마음' 속에서 나와 남 그 어디에도 걸리지 않으며 전체의 맥락·입장에 있게 되고 고도의 직관력이 나올 수 있습니다.[11] 즉, 궁극의 직관력을 얻기 위해서는 이기적인 마음으로 물들지 않고 지금, 여기에 현존하며 참나 본연 그대로의 공(空)한, 순수한 마음을 항상 유지하는 것이 중요합니다.

앞서 참나, 진정한 자아에 대해 언급했는데 저의 경우 참나에 대한 자각을 과거 수련 중 사고를 당한 후 변성의식 상태에서 처음 경험할 수 있었습니다. 당시 3~4일 정도 거의 의식을 잃은 상태로 있었는데 3일째 무렵 새벽에, 낮과 밤의 변화에도 상관없이 그것을 주시하는 공성(空性)의 배경의식이 마음 너머에 있음을 보았습니다. 그 배경의식은 아무것도 없는 무(無)의 느낌이 아닙니다. 그것은 '있는' 느낌과 '아무것도 없는' 느낌을 모두 체험하게 하는, 가장 밑바탕의 절대적 근원의식이라고 표현할 수 있겠습니다.

---

10) 항상 깨어있음을 유지하며 에고의 프로그램화된 기계적·무의식적 자동 반응을 지양하는 것이 필요합니다.
11) 그동안 차크라 리딩을 해 오면서 모두의 마음이 실제로 '한마음'의 하나로서 심층 차원에서 서로 유기적으로 연결되어 작용하며 긴밀하게 영향을 준다는 것을 직·간접적으로 확인할 수 있는 기회가 매우 많았습니다.

그때만 해도 그 체험의 의미를 제대로 이해하지 못했습니다. 이후 마음공부 및 수련을 하고 나서야 그런 식으로 밤과 낮 등 정반대되는 것들을 주시자로서 인식하는 것이 참나의 각성과 관계되어 있음을 깨달았습니다. 외부환경의 그 무엇에도 영향을 받지 않고 절대로 파괴되지 않는 참된 주인이 내 안에 있음을 자각하게 된 것입니다.

진정한 나는 영원히 절대로 잃을 수 없다는 것을 이해한 덕분에 현실 생활에서도 그동안 도움을 받은 것이 많았습니다. 혼자서 마음공부를 해 온 지난 십여 년간 통장의 잔액이 50만 원이 넘는 적이 거의 없었을 정도로 계속 빈곤했고 건강도 좋지 못했지만, 그때의 자각 덕분에 마음의 위축됨이 없이 언제나 낙관적인 생각을 유지할 수 있었습니다. 진정한 나는 과거, 현재, 미래에 상관없이 이미 언제나 늘 무한하고 완전한 절대의 존재임을 스스로 각인시키며 의지를 다졌습니다.[12] 그러면서 현실에서 부딪히는 어떠한 일들에 대해서도 마음의 중심을 지키며 동요하지 않았고 크게 좌절하지 않을 수 있었습니다.

궁극의 직관력은 그런 식으로 본성과 일치하여서 삶의 모든 차원을 받아들이고 소화할 수 있는 역량을 갖게 될 때 얻는다고 할 수 있습니

12) 인도의 성자 마하라지는 참나와 하나가 되기 위한 방편으로 '나는 불변이다. 나는 무한하다. 나는 진리다' 이런 생각을 하며 잠자리에 들라고 했습니다. 저의 경우 비슷한 내용의 나만의 목표, 선언문, 혹은 확언을 만들어서 매일 밤 자기 전에 그리고 아침에 잠에서 깰 때 반복해서 외우며 일종의 만트라처럼 사용해왔습니다.

다. 에고에서 벗어나 빛과 어둠, 행복과 불행 등 삶의 모든 이원적 대립성을 초월할 수 있을 만큼 '한마음'의 전체의식과 하나가 되었을 때 비로소 궁극의 직관력을 가질 수 있다는 것입니다.

궁극의 직관력에 있어서 정말 궁극적으로 필요한 것은 특정한 경험이 아니라 모든 경험으로부터의 자유일 수 있습니다. 삶의 기쁨뿐만 아니라 고통조차도 포용하는 등 정반대되는 것들도 모두 껴안고 어루만지며 온 세상을 품을 수 있는 '한마음'의 큰 '마음그릇'을 가질 때 궁극의 직관력이 생기게 됩니다.

궁극의 직관력을 갖게 되면 분리의식이 없이 오직 하나의 마음, 일심(一心) 그 자체로서 따로 생각할 필요가 없게 됩니다. 있는 그대로 모든 것이 완벽하게 조화를 이루고 정확히 맞아떨어지면서 배고프면 밥을 먹고 잠이 오면 잠자며 여여(如如)하게 생활하게 됩니다. 이는 변함없이 한결같다는 것 혹은 인위적이지 않게, 있는 그대로 자연스러운 흐름을 따른다는 의미입니다. 궁극의 직관력을 사용하는 경지에서는 모든 것이 나 아닌 것이 없고 이미 전체와 완전하게 하나가 되어서 절대적 조화·일치를 이룬 상태이기 때문에 어떠한 결핍, 부족함, 속박, 장애가 없습니다. 그렇게 참나와 하나가 되어 일부러 더하고 뺄 것도 없는 절대적 완벽함 그 자체의 상태에 있으므로 생각조차 할 필요 없이 원만하고 자연스럽게 살 수 있습니다.[13] 만약 무언가가 필요하다면 '한마음'의 일체감 속에서 항상 직관의 안내를 받으며 순간순간 해야 할 일을 '저절로' '자발적으로' '자연스럽게' 알게 되고 자재(自在)[14] 할 수 있습니다.

이렇게 스스로 '한마음'의 전체의식 그 자체가 된다면 모두의 마음과 완벽하게 교감·감응하면서 '결맞음'[15]될 수 있습니다. 언제나 늘 현존하며 마음과 마음이 온전히 통할 수 있는 만큼 직관적으로 무엇을 해도 항상 어긋남 없이 정확히 맞아떨어지고 올바르게 될 수 있습니다. 결국 궁극의 직관력을 얻은 경지에서는 선불교에서 깨달음을 얻은 선사들이 "산은 산이고 물은 물이다"라고 말씀하셨듯이 현재 살고 있는 생활이 그대로 진리이며 법이 될 수 있습니다.

이러한 내용이 다소 생소하고 어렵게 느껴지실 수도 있으리라 봅니다. 혹은 막연하다고 느껴질 수도 있을 것입니다. 저 또한 차크라 리딩 상담을 하지 않은 채 이론적인 공부에만 매달렸다면 이론에 적힌

---

13) 에고, 마음은 모두 결핍, 부족을 전제로 하고 있고 결국 같은 맥락에서 나오는 것이라 할 수 있습니다.

14) '자재(自在)하다'의 의미는 '저절로 있다' 혹은 '속박이나 장애 없이 마음대로 할 수 있다'라는 의미입니다.

15) '결맞음'은 음향학, 전자공학 그리고 양자 역학에서 사용되는 용어입니다. 위키백과에 따르면 두 개 이상의 파동이 합해질 때 두 파동의 위상에 따라 상쇄 간섭 혹은 보강 간섭이 일어나는데, 결맞음이 잘될수록 간섭 현상이 잘 일어난다고 합니다.

'글자'를 이해하는 수준에 머물렀을지도 모릅니다. 그 글자 속의 '의미'를 이해하는 데 결정적인 역할을 했던 것은 단연 사람들의 삶 속으로 걸어 들어가, 보고, 듣고, 느낀 체험입니다. 다음 장에서는 차크라 리딩과 관련된 구체적 사례와 그 내용을 소개해 보겠습니다. 궁극의 직관력에 대한 결론을 미리 제시했지만, 차크라 이야기를 통해 무형의 결론에 채색이 되어가기 시작할 것입니다.

고도의 직관력을 얻을 수 있는 6가지 팁

1. 중요한 사항에 대한 결정일수록 직관에만 의존해서는 안 되고 이성(좌뇌)과 직관(우뇌)을 같이 사용하는 것이 좋습니다.[16] 특히 궁극의 직관력을 사용할 수 있는 경지에 아직 있지 않다면 직관과 함께 이성적 판단을 같이 해야 보다 만족할 만한 결과를 얻을 수 있을 것입니다.[17]

2. 명상, 108배 등 심신 수련을 규칙적으로 해보기를 권합니다. 하루 단 5분이라도 자기만의 시간을 갖고 몸과 마음을 관조하는 연습을 지속하면 고도의 직관력이 생길 수 있습니다. 그렇게 '내가 있음'의 순수의식 속에서 현존하는 연습을 매일 꾸준히 해 나간다면 일상에서의 사소한 결정에도 정확한 판단을 할 수 있습니다.

3. 궁극의 직관력을 얻는 것에 있어 핵심 키워드 중 하나가 '수용적 자세'입니다. 그 외에 '하인리히 법칙'[18]에 의해서도 특

---

16) 이성과 직관의 통합은 최상의 정확한 판단·결정을 가능하게 합니다. 아폴론의 논리와 디오니소스의 감정 혹은 전두엽과 뇌간을 같이 사용하는 것이 좋습니다.
17) 직관은 학습과 경험을 양분으로 하는 점이 있습니다. 전문적 지식이 부족하면 오류에 빠지기 쉽습니다.

정 상황에서 어떠한 결정을 내려야 할지 모르겠고 아리송한 경우 열린 마음으로 주변 사람의 조언과 지적에 귀 기울이는 것이 좋습니다. 특히 가족 등 본인을 사랑하고 신뢰하는, 가장 가까운 관계에 있는 사람이 해주는 충고를 거스르지 않는 것이 중요합니다.

4. 어떤 악조건 속에서도 긍정적인 관점을 유지하는 것이 필요합니다. 우주적 질서 속에서 움직이는 삶 자체가 궁극적으로 완전하며 무한한 존재로서의 진정한 나를 스스로 인식시켜 주는 방향으로 인도하고 있습니다. 따라서 삶이 가져다주는 모든 것을 감사하게 받아들여야 합니다.[19] 그 깊은 수용성 속에서 초월이 이루어지며, 그랬을 때 고도의 직관력이 생길 수 있습니다.

5. 특정한 행동을 할 때 혹은 특정한 시간에 평소보다 더 정확하고 풍부한 직관과 아이디어가 생길 수 있습니다. 저의 경우 아침 명상 시간에[20] 그리고 맛있는 음식을 먹을 때 직관

---

18) 하인리히 법칙(Heinrich's Law)은 사고와 재난이 발생하기 전에 그와 관련된 여러 차례의 작은 징후들이 반드시 존재한다는 것을 밝힌 법칙입니다.
19) 기본적으로 매사에 감사하는 태도는 에고의 부정적 영향력을 줄이는 데 큰 도움이 됩니다.

이 더 강해지며 많은 아이디어를 얻는 편입니다. 이는 사람마다 다를 거라고 보는데, 언제, 어떤 행동을 할 때 자신의 직관이 더 정확해지는지 살펴보고 인지하고 잘 활용해본다면 큰 도움을 받을 수 있을 것입니다.

6. 평소에 삶의 유한성, 죽음에 대한 명확한 각성을 유지하는 것이 중요합니다. 그러한 자각 속에서 기본적으로 유한한 자기를 방어하고 증명하기 위해 애쓰는 모든 일을 철저하게 놓아버려야 합니다. 참고로 다음은 2005년 스티브 잡스의 스탠퍼드대학교 졸업식 연설 내용 일부입니다.

"곧 죽게 된다는 생각은 인생에서 중요한 선택을 할 때마다 큰 도움이 됩니다. 사람들의 기대, 자존심, 실패에 대한 두려움 등 거의 모든 것들은 죽음 앞에서 무의미해지고 정말 중요한 것만 남기 때문입니다. 죽을 것이라는 사실을 기억한다면 무언가 잃을 게 있다는 생각의 함정을 피할 수 있습니다. 당신은 잃을 게 없으니 가슴이 시키는 대로 따르지 않을 이유도 없습니다."

---

20) 아침 수련 시간에 평소 고민하며 걱정하는 문제에 대한 해결책이 떠오르기도 하는 등 그때 직관적으로 많은 아이디어를 얻는 편입니다. 그래서 순간순간 떠오르는 중요한 정보를 놓치지 않기 위해서 메모지와 볼펜을 항상 곁에 두고 명상을 해왔습니다. 덕분에 그동안 여러 문제 해결에 적지 않은 도움을 받을 수 있었습니다. 이 책 내용의 많은 부분이 실제로 매일 아침 명상을 하는 중에 직관적으로 떠오른 아이디어를 토대로 구성되어 있습니다.

2장

직관력에 새로운 날개를 달다

차크라 리딩의 시작

그동안 마음공부를 하며 지병 치유에 전념해 오면서 십 년 정도 친구들을 포함한 가까운 지인들조차 전혀 만나지 못했습니다. 삼십 대 초반에 제 몸과 마음의 치유에만 집중해야겠다고 생각하며 병이 완치되기 전까지는 누구도 만나지 않겠다고 다짐했기 때문입니다. 결국, 이전에 맺었던 대부분의 인간관계가 자연스럽게 끊어졌습니다. 대신 관심 분야를 좇다 보니 초감각지각능력이 있는 사람들을 포함해서 영성 및 대체의학계의 수행자 혹은 전문가들과 만나며 교류할 수 있었습니다. 당시 병원을 통해 도움을 얻지 못하자 절박한 마음으로 기공 수행자, 침술에 능통한 사람 등 여러 부류의 치유 능력이 있는 사람들을 찾아다니며 조언을 구했습니다.

저의 경우 선천적으로 매우 예민한 면이 있었습니다. 그러다 그런 분야에서 능력 있는 사람들과 만나며 도움을 받고 또 심신 수련까지 지속적으로 해오다 보니 에너지 혹은 기(氣)적인 민감함이 극도로 증폭·강화되기에 이르렀습니다. 결국, 그 무렵부터는 저 역시 시공간에 상관없이 다른 사람들에게서 어떠한 정보를 감지할 수 있게 되었습니다. TV를 보다가 TV 속 인물에 집중하면 그 사람에게서 미세한 파장이 느껴졌고, 그 느낌을 그림으로 표현하고자 하면 사람들 주위에서 영적 가이드 역할을 하는 힘 등 미묘한 에너지적인 정보까지도 확인할 수 있었습니다.

그러한 역량이 내게도 있다는 것을 확인한 이후부터는 오히려 불필요한 시도를 자제하며 최대한 신중하고 조심스럽게 접근해 나갔습니다. 어디에서도, 누구도 제대로 확인해줄 수 없는 수행 중의 마장(魔障)일 수 있겠다는 생각이 들기도 했습니다. 결국에는 이 또한 뛰어넘어야 하는 무언가가 아닐까 하는 두려움도 있었기 때문에, 수련은 더욱 나 자신을 가혹하게 채찍질하는 방향으로 흘러갔습니다. 그러다 비슷한 능력이 있는 사람들과 교류하고 정보를 모으며 시간이 꽤 흐르고 나서야 나 자신이 단순히 주관적 착각에 빠진 것이 아님을 인정하며 적극적 태도를 갖게 되었습니다. 수행 전에는 초감각지각능력이 실재한다고 하더라도 나와는 상관없는 일이라 여겼고 큰 관심이 없었는데, 수행이 깊어지면서 예민함은 특정 영역에서는 불편함으로

만 존재하지 않는다는 것을 알게 되었습니다. 창조적인 양상으로 발현시킬 수 있는 잠재력과도 같았습니다. 그 잠재력을 어떻게 긍정적으로 활용할 것인가에 대한 문제만 남았습니다. 사람들의 육체, 정신, 혼을 아우르는 차크라를 읽어나가기 시작했습니다.

초감각지각능력으로 차크라를 읽는 것이 익숙하게 된 이후부터 유명 정치인, 기업인, 스포츠 스타, 연예인들을 대상으로 리딩을 수시로 시도하며 나름의 경험과 노하우를 계속 축적해 나갔습니다.[21] 나름의 데이터가 모이고 나 자신에 대한 신뢰 또한 어느 정도 단단해졌을 때 일반인을 대상으로 차크라를 리딩하여 상담하고 조언해주는 것을 시작했습니다.

기본적인 리딩 방법 및 원리는 앞 장에서 언급한 바와 다르지 않습니다. 가장 중요한 것은 에고의 분리감 없이 타인을 또 다른 나라고 생각하며 감응하는 것입니다. 그러나 방법을 터득한 사람으로서는 이렇게 간단히 정리할 수 있겠지만 대부분의 사람에게는 이것이 얼마나 어려운 일일지 충분히 이해합니다. 먼저 에고의 분리감이 없

21) TV 등 대중매체의 사진이나 영상을 통해 본인의 동의 없이 리딩하는 것이 기본적으로 윤리·도덕적으로 문제가 있음을 알고 있었기 때문에 항상 마음이 편하지 않았습니다. 그러나 많은 사람에게 알려지고 사생활이 노출된 사람들을 리딩하는 것이 공부 차원에서는 결과를 비교·대조하며 검증하는 데 수월한 점이 있어서 그 방식을 포기하기 힘들었습니다.

어야 한다는 것부터 비현실적인 얘기일 수 있겠습니다. 어느 한순간도 에고가 끼어들지 않을 때가 없을 정도로 우리는 크고 작은 에고 덩어리를 껴안고 살아가기 때문입니다. 하지만 에고로부터 자유로워졌을 때 비로소 차크라든 다른 에너지적 리딩이든 가능한 것이 어쩔 수 없는 현실이기도 합니다. 당장 이 글을 읽고 방법이 이렇다 하는 것을 이해했다고 하더라도 에고가 사라지는 것은 아닐 것입니다. 그럼에도 여러분이 순수한 직관력이나 건강한 차크라의 조율에 관심이 있다면 차근차근 알아가며 여러분 나름의 지혜로 쌓아 가시길 바랍니다.

다시 한번 정리하자면, 모두가 나 아님이 없음을 자각하고 '한마음'이 되어서 일체성의 리듬을 정확히 타는 것이 핵심 포인트라고 할 수 있습니다. 그것이 성공적일 경우 그 사람에 대한 구체적 상태를 파악해 내는 것이 가능합니다. 일체감이 깊어지면 시공간을 초월해서 사진, 이름 등 상대방에 대한 최소한의 정보만 알고 있어도 지구 반대편에 살고 있거나 혹은 과거, 이미 세상을 떠난 인물에 대한 리딩도 가능합니다. 그림으로 묘사해보는 것을 포함한 몇 가지 방편을 함께 사용하면 타인의 취향, 도덕적 신념, 행동 양상 등 의식과 행동 방식의 주된 코드를 쉽게 유추·확인할 수 있습니다. 말 그대로 이러한 리딩 방식은 시공간을 초월할 수 있기 때문에 시간상으로 보자면 미래의 일까지도 어느 정도 나타나곤 합니다.

에너지적인 리딩을 할 때 저는 주로 차크라 체계를 사용해왔습니다. 차크라는 고대 인도에서 처음 성문화되었고 힌두교, 탄트라에서 그 이론 및 수행 체계가 수천 년 전부터 전해 내려왔기 때문에 학문적 관점에서 객관적 분석이 가능한 장점이 있기 때문입니다. 보이지 않는 세계를 다루더라도 최소한의 논리와 상식에 바탕을 두고 이성적 혹은 합리적 차원에서 접근해야 한다는 생각을 늘 가져왔던 저에게 차크라는 가장 적합한 체계였습니다. 어차피 보이지 않는 세계라고 두서없이 뱉어내고 말 이야기가 아니었습니다. 현상계로 드러내는 데 있어서 학문적 근거로 훌륭한 시스템이 바로 차크라였던 것입니다.

그동안 마음공부를 계속해오는 동안 영성 분야에서 검증이 어려운 영적 차원의 정보에 대해서 자기만족 혹은 아전인수식으로 이해·해석하는 경우를 자주 봐왔습니다.[22] 특히 제가 차크라를 리딩하게 된 이후로는, 나르시시즘에 빠진 채 자기만의 세계 속에 살며 스스로 속아서 오류를 범하고 있는 사람들이 주변에 적지 않게 있음을 확인할 수 있었습니다. 그래서 더더욱 시간이 지날수록 과학적 사고의 엄밀성도 중요하고, 투명하며 객관적인 접근방식이 필요하다는 판단을

---

22) 종교 및 영성계에서 심령현상, 깨달음, 도에 대한 환상 및 과장이 많다는 생각을 자주 했습니다.

하게 되었습니다. 다른 방법도 있지만 그런 부분에서 장점이 많은 차크라 체계를 리딩에 사용한 것은 저로서는 너무나 자연스러운 선택이었습니다.

이렇게 훌륭하고 근거가 있는 체계라고 표현하고 있지만 정작 차크라가 생소하게 느껴지는 사람도 많을 것입니다. 우선 차크라에 대해 간단히 설명해보겠습니다.

차크라(Chakra)는 산스크리트어로 '바퀴' 또는 '원반'을 뜻하며, 동양에서 기(氣) 혹은 프라나(prana)로 불리는 미세한 생명 에너지가 흐르는 중심 통로로서 인체에는 일곱 개의 주요 차크라가 있습니다.

그리고 일곱 개 각각의 차크라는 상징적인 컬러와 회전하는 모양으로 인식되고 있습니다. 몸을 둘러싸고 있는 미묘한 에너지장을 신체와 연결해주는 역할을 하기 때문에 몸과 마음의 상태는 분리되지 않고 차크라로 통합해 이해해도 무방합니다. 다시 말하면, 차크라는 심령적인 힘과 육체적인 힘이 상호작용하는 지점으로서, 차크라의 상태는 영(spirit), 혼(soul), 육(body) 즉 육체·정서·심리·영적 요소들의 총합의 결과라 할 수 있습니다.

각 차크라는 인체의 신경총 및 내분비선과 연결되는 등 신체 기능과도 관련되어 있습니다. 따라서 차크라가 막히고 제대로 그 역할을 못 하면 그 차크라에 해당하는 신체에도 질병이 생길 수 있다고 보는 것입니다.

또한, 심리·영적인 측면에 있어서 일곱 개의 차크라가 하나씩 개화되는 것은 개인적 자아를 벗어나 참된 나로 탈바꿈하는 과정과 일치하기도 합니다. 말하자면 아래에서 위로 올라가는 일곱 개의 차크라의 단계적 개화[23]는 영적 수행자들이 궁극적 목표로 추구하고 있는 종교적 깨달음의 과정과도 관계가 있습니다.

차크라에 그런 특징이 있어서 리딩 상담을 할 때 차크라를 통해 내담자의 육체적 문제뿐만 아니라 마음과 영혼의 성숙도 및 건강을 확인하고 평가할 수 있었습니다.[24] 구체적으로 설명하자면, 리딩 작업 시에 기본적으로 일곱 개의 차크라 중 닫힌 채 제 기능을 못 하는 차크라가 있는가를 점검하고 일곱 개의 차크라가 얼마나 조화·균형을

---

23) 인지학의 창시자 루돌프 슈타이너는 우리의 삶이 7년 단위의 주기들로 되어있고 우리는 인생의 특정한 주기에 맞춰 특별한 경험을 한다고 주장했습니다. 차크라 역시 일정한 정신적·영적 주기에 따라 첫 번째 차크라로 시작해서 7년마다 하나씩 개화하며 상승해 올라간다고 알려져 있습니다. 그런데 실제로 리딩을 해보면 차크라들은 서로 독립적으로 각성하는 측면이 있었습니다. 꼭 순서대로 개화하는 것은 아니고 개인마다 그 개화의 순서에 차이가 있었습니다.

이루며 통합되어 있는지를 파악했습니다. 그리고 각 차크라의 개화 정도를 감지해서 주로 사용하는 차크라의 순서를 정확히 차례대로 확인했습니다. 후에 더 자세한 리딩을 세부적으로 하지만, 그 정도만 점검해도 내담자의 성향, 성격, 직업 적성, 질병의 유무, 초감각지각 능력 등을 포함한 전반적인 신체적·정신적·영성적 차원의 상태를 알 수 있었습니다.

차크라 리딩을 본격적으로 시작하면서부터는 영적인 측면에서 가치 있고 유용한 정보를 적지 않게 얻을 수 있었습니다. 원래 리딩 상담은 제6·제7차크라 각성을 위한 명상 교육을 할 때 수강생을 위한 교육 방편 정도로 활용하려 했고 따로 유료 상담만을 목적으로 하지는 않을 계획이었습니다. 그러나 당시 경제적 어려움이 매우 컸고 그 외에 공부 차원에서라도 그동안 리딩을 하면서 파악한 내용을 현실에 적용하며 검증, 심화시켜야 할 필요성을 느끼기도 했습니다. 고민 끝에 많은 사람을 대상으로 상담을 시도해 보는 것이 좋겠다고 판단하고 시행에 옮겼습니다. 또한, 제 나름 과감한 방식인 대면 상담은 그간 혼자 지내오면서 많이 소심해졌던 성격에 왠지 모를 자신감으

---

24) 그동안 차크라 리딩을 하면서 일곱 개의 각 차크라의 개화 정도는 사람마다 모두 다르게 되어있음을 확인할 수 있었습니다. 또한, 각 차크라의 상태는 영구적으로 유지되는 것도 아님을 알 수 있었습니다. 즉 본인이 어떤 생활을 하며 무엇을 지향하느냐에 따라서 차크라가 닫히거나 열리고 차크라에서 나오는 파장이 바뀌는 등 그 상태는 수시로 변했습니다.

로 새로운 삶을 살 수 있다는 원동력이 되어주기도 했습니다.

앞 장에서 설명했듯이 저의 경우 지난 십여 년간 다양한 분야의 독서를 하며 주체적 관점에서 현실을 직시하고 삶의 얼개를 풀 수 있는 지혜와 통찰력을 얻는 데 최대한 집중해왔습니다. 직업은 없었지만, 그동안 수행하는 시간 외에는 주로 책을 읽으며 인문·사회과학적 소양을 주춧돌처럼 단단히 쌓는 데 주력해왔던 것이 사실입니다. 그때 특히 다양한 영적 전통의 가르침이 담긴 책들을 참고하며 마음의 구조와 본질을 확인하는 데 많은 시간을 투자했습니다. 오랜 시간 수입은 전혀 없었지만, 기본적으로 제게는 자신을 이해하기 위해 여러 시행착오를 겪고 때로는 온몸을 던져 크게 죽어보는 과정에서 얻은, 나름의 값진 살아있는 교훈과 배움이 있었습니다.

결국, 내면의 고유한 빛을 따르며 나만의 길을 개척해오는 과정에서 체득한 이러한 소중한 깨침의 내용을 상담을 통해 전할 수 있겠다는 생각을 자연스럽게 할 수 있었습니다. 상담을 해 나가면서 나만의 고유한 재능과 색깔을 바탕으로 나름의 방식을 통해 수입을 얻고 누군가에게 도움을 줄 수 있다는 것에 대해 큰 보람을 느꼈습니다. 당장 저의 삶이 확연히 달라진 모양새는 아니었지만 한 사람 한 사람 모두 저에게는 뜻깊은 인연이었고, 그러한 인연을 거듭해 만날수록 깊은 만족감을 얻을 수 있었습니다.

가장 완전한 차크라의 상태에 대해서

각 차크라는 부분적으로나 일시적으로 각성하는 측면이 있습니다. 그래서 리딩을 할 때 단순히 한 가지만 파악하는 것이 아니고 입체적으로 여러 가지를 고려해서 확인합니다.

예컨대 리딩 시에 각 차크라가 열려 있는지 닫혀 있는지를 먼저 확인합니다. 차크라의 회전이 너무 느리거나 너무 빠를 때는 차크라가 닫힌 것으로 보며, 차크라의 회전이 균형을 이루었을 때는 차크라가 열린 것으로 보고 있습니다.

그 후 차크라가 열려 있든지 닫혀 있든지 관계없이 그 차크라에서 어떠한 파장이 구체적으로 나오는지를 다시 파악합니다. 결국, 최종적으로 차크라가 열려 있고 추가로 거기서 왜곡 없이 순일하며 조화로운 파장이 나오는 것이 확인되어야 해당 차크라가 온전히 개화된 것으로 보고 있습니다. 가장 온전한 이상적인 상태에서는 태극 무늬와 같은 곡선이 차크라에서 뻗어 나오는 것을 확인할 수 있습니다. 그런 상태에 이르러야 비로소 해당 차크라에 대한 삶의 과제를 모두 해결한 것으로서 가장 이상적이며 완전한 경우라고 보고 있습니다.

제1차크라부터 마지막 제7차크라까지 모든 차크라의 상태가 그렇게 완전하다면 이른바 쿤달리니를 각성한 것입니다. 쿤달리니의 각성 후에는 육체·감정·생각과의 동일시에서 완전히 벗어나 순수의식 속에서 모든 것을 있는 그대로 보고 수용할 수 있습니다.

그런데 완벽히 개화된 차크라도 파장은 정상적으로 그대로이지만 시간이 지나면서 일시적으로 닫힐 수 있습니다. 몸과 마음의 상태에 따라 차크라 또한 수시로 변할 수 있기 때문에 주기적으로 차크라 상태를 확인하는 작업이 필요합니다.

참나로의 여행, 일곱 차크라의 길

심리·영적인 측면에서 차크라는 유대교의 신비주의인 카발라, 영적인 학문으로서의 연금술, 조셉 켐벨의 영웅의 여정으로서의 신화 그리고 C.G.융의 분석심리학[25]등과 관련지어서 설명이 가능합니다. 실제로 그러한 이론적인 부분을 토대로 그동안 리딩한 결과를 객관적 차원에서 면밀하게 접근하며 분석할 수 있었습니다. 결국, 분석심리학 등 이론 공부와 병행해서 상담을 계속해오다 보니 차크라를 통해서도 의식 성장의 단계를 설명하는 것이 가능함을 알게 되었습니다.

---

25) C.G.융은 차크라가 정신의 다양한 상태와 가능성을 지칭한다고 말했습니다. 저 또한 공부를 해오면서 차크라 체계가 융 이외에도 다른 현대 심리학자들이 인정하는 발달 욕구의 단계와 상응하는 측면이 있음을 확인할 수 있었습니다.

제가 확인한 의식 성장의 단계를 간단히 정리하면 다음과 같습니다.

제1차크라(물라다라)의 경험
존재의 근원을 마련하다.

제2차크라(스와디스타나)의 경험
관계를 맺으며 느끼고 체험하다.

제3차크라(마니푸라)의 경험
독립된 개별적인 정체성을 형성하다.

제4차크라(아나하타)의 경험
나 이외의 것들에 마음을 열다.

제5차크라(비슈다)의 경험
내면의 조화와 균형을 이루며 마음의 등불을 켜다.

제6차크라(아갸나)의 경험
환영을 초월하며 실상, 실체를 보다.

제7차크라(사하스라라)의 경험
자기 자신의 주인으로 살며 진정한 자유인이 되다.

제7차크라

제6차크라

제5차크라

제4차크라

제3차크라

제2차크라

제1차크라

1번부터 7번 차크라까지의 각 단계는 어느 정도 선행 단계를 포함하며 초월하는 측면이 있습니다. 즉 상위 차크라 단계로 올라갈수록 에고를 더 강한 상위의 힘으로 초월하면서도 내포해야 합니다.[26] 말하자면 에고를 아예 없애버리는 것이 아니라 에고를 더 큰 나에 연결해서 그 큰 나의 진리를 표현하는 수레로 사용해야 합니다.

이러한 단계적 상승은 삶의 여정 혹은 영적 완성의 과정을 반영합니다.[27] 기본적으로 인생의 주기에 따라 하위 차크라부터 상위 차크라로 개화해나갈수록 거짓된 자아 관념에서 벗어나 참된 본연의 나의 상태에 가깝게 됩니다.

제1·제2차크라 단계는 독립된 개인으로서의 정체성을 형성하지 못한 채 아직 집단의 영향권을 못 벗어난 상태입니다.

제3차크라 이후부터 점차 집단이 가진 모순, 한계를 넘고 수동적 조건을 탈피해서 개인으로서의 삶을 살아가게 됩니다. 즉 제3차크라 단계에서는 무게 중심이 외부에서 내면으로 옮겨져 좀 더 자기 자신

---

26) 자아초월심리학자인 켄 윌버는 에고는 무조건 파괴하고 버려야만 하는 대상이 아니라고 주장했습니다.

27) 과거 리딩 사례에서 보면 차크라는 꼭 정확하게 순서에 따라 개화되지는 않았습니다. 어느 정도 독립적으로 각성하며 개화되는 측면이 있었습니다.

에게 초점을 맞추며 자신에 대한 이해와 수용의 작업을 하게 됩니다.

제4·제5차크라 단계부터는 제3차크라까지 형성한 개인적 자아의 정체성마저 초월해나가기 시작합니다. 제4차크라 단계 이후부터 나 이외의 '우리'에 점차 눈을 떠가게 됩니다.[28] 개인으로서 내면의 성숙과 독립성의 초석을 굳게 다진 것을 바탕으로 타인에게 마음을 열고 이제 '초개인적인 나' 혹은 융이 말한 '자기(Self)'와 조화를 이뤄가게 되는 것입니다.

제6·제7차크라 단계에 오면 일원성에 대한 자각 속에서 분리된 개별적 개인으로서의 자취가 모두 사라지며 전체의식을 가진 참나와 하나가 될 수 있습니다.

조금 더 구체적으로 설명해보겠습니다.

---

28) 켄 윌버의 '전-초 오류' 개념을 차크라 체계에 적용하는 것이 가능합니다. 즉 제1차크라부터 제3차크라를 거쳐서 제6차크라까지 차례로 비개인적(前이성적), 개인적(이성적), 초개인적(超이성적)인 상태의 단계를 거친다고 할 수 있습니다. 제1·제2차크라에서는 독립된 자아의식을 형성하지 못하고 무지하기 때문에 무의식적으로 집단의식과 동일시된다고 할 수 있습니다. 제4차크라 단계 이후부터 제3차크라에서 개인으로서의 의식을 형성한 것을 바탕으로 점차 주객을 초월하며 의식적 각성 상태에서 전체의식과 동화·일치될 수 있습니다.

제1차크라(물라다라)의 경험
존재의 근원을 마련하다.

제1차크라에서는 집단·물질적 세계에 결속되어서 안정성, 소속감을 느끼며 집단의 정체성을 체험하게 됩니다. 이 차크라를 온전히 개화하면 이 땅에 굳게 뿌리 내린 채 현실 삶에 대한 깊은 신뢰감을 가질 수 있습니다. 리딩 사례에서 보면 제1차크라가 약한 사람들은 삶에 대한 열정이 부족하고 미래에 대해서도 큰 불안감을 느끼고 있었습니다.

제2차크라(스와디스타나)의 경험
관계를 맺으며 느끼고 체험하다.

제2차크라에서는 주로 감각적이고 지각적인 경험을 하며 배움을 얻습니다. 즉 섹스, 돈 등과 관련해서 외부 세계와 상호작용하며 그 다양한 관계 속에서 개인적 욕구를 충족시키고 양극성을 경험하게 됩니다.

제3차크라(마니푸라)의 경험
독립된 개별적인 정체성을 형성하다.

제3차크라 단계에 오면 집단의 물려받은 정체성에서 벗어나 자신에 대한 의식을 발달시키며, 독립되고 고유한 개별적 존재감을 형성할 수 있습니다. 이 단계에서는 결국 본인의 욕망과 감정들을 수용하고 통합하는 것과 함께 목표를 성취하려는 의지가 높아지며 개인적인 힘과 자율성을 추구하게 됩니다.[29)]

29) 제3차크라가 에고에서 비롯된 의지력의 하위 형태의 센터라면 제6차크라는 참나 차원의 의지력의 상위 형태의 센터라고 할 수 있습니다.

제4차크라(아나하타)의 경험
나 이외의 것들에 마음을 열다.

제4차크라 단계에서는 처음으로 전체성을 자각하며 개인적인 자아를 극복해 나갈 수 있습니다. 자기중심성에서도 어느 정도 벗어나면서 이해, 사랑, 연민이 깊어지며 타인과 무리 없이 교류·교감하고 조건 없는 순수한 사랑을 나눌 수 있게 됩니다.

제5차크라(비슈다)의 경험
내면의 조화와 균형을 이루며 마음의 등불을 켜다.

제5차크라 단계에서는 높은 자기 통제력이 생기며 개인의 역량이 본인의 생각과 태도에 달려있음을 인식하고 마음의 힘에 눈뜰 수 있게 됩니다. 이 단계에서는 외부 현실이 내적 세계의 현현임을 자각하고 마음을 스스로 조절·통제하고자 노력하며 점차 신성한 의지에 복종하게 됩니다. 즉 외부 세계는 자신의 내면을 비춰주는 거울임을 이해할 수 있게 됩니다. 제6차크라 단계만큼 깊지는 않지만, 세상이 자신의 밖에 있는 것이 아니라 자신 안에 있다는 것을 어느 정도 자각할 수 있습니다. 이 단계에서는 외부에서 빌린 지식과 정보로 이른바 '깨달음'에 대한 기초적이며 개념적인 이해가 생길 수 있습니다.

제6차크라(아갸나)의 경험
환영을 초월하며 실상, 실체를 보다.

제6차크라의 각성에서는 마음의 힘을 조금 더 깊이 깨달으면서 제5차크라 단계의 단순히 내면과 외면이 이어져 있음을 자각하는 수준을 넘어섭니다. 즉 제6차크라가 각성하면 자신에 대한 이해가 깊어지며 마음의 조건화에서 대부분 벗어나게 됩니다. 또한 실재(實在)와 비실재를 정확히 분별할 수 있습니다. 기본적으로 제6차크라의 에너지에 동화되면 현실을 에고의 좁은 울타리가 아닌 전체와의 연관성 속에서 바라볼 수 있는 깊은 안목이 생기며, 핵심적이고 본질적인 것을 쉽게 간파할 수 있게 됩니다. 모두가 둘이 아니라는 일원성을 자각하며 환영을 걷고 진실과 진리, 있는 그대로의 여여(如如)한 실체를 꿰뚫어 보는 고도의 통찰과 지혜 그리고 직관력을 가질 수 있습니다.

제7차크라 단계에서는 다른 여섯 개의 차크라에 남아있는 부정성을 정화하고 육체적·감정적·정신적인 모든 동일시에서 완벽히 벗어나며 진정한 '참나' '자기(Self)'를 경험하게 됩니다.[30] 제7차크라를 온전히 개화하면 생각이든 느낌이든 감정이든 마음을 마음대로 필요에 따라 자유롭게 사용할 수 있게 됩니다. 제7차크라의 각성과 함께 삶과 죽음, 선과 악 등의 이원성을 완벽히 초월하면서 그 어떤 것에도 영향을 받지 않는 자유를 누릴 수 있습니다. 또한 제7차크라가 완전히 개화하면 개아의식에서 완벽히 벗어나면서 죽음에 대한 두려움이 깨끗이 사라집니다. 제7차크라는 실질적으로 생사를 초월할 수 있을 정도로 본인이 가지고 있는 모든 분별심을 극복해야 제대로 열리게 됩니다. 결국 제7차크라의 온전한 개화 후에는 자신에 대한 이해가 완전해지면서 근원의 통로로서 유위법과 무위법을 모두 아우르며, 행동함이 없이 행동할 수 있게 됩니다.[31]

---

30) 제7차크라는 힌두교 시바(Shiva) 신의 자리로서 모든 차크라의 근원이라고 할 수 있습니다. 나머지 차크라의 힘이 제7차크라에서 나온다고 해도 될 정도로 제1차크라부터 제6차크라는 제7차크라에 도착하기 위한 과정이라고 할 수 있습니다.

31) 무위에 집착하면 결국 유위와 같아지게 됩니다. 제7차크라를 온전히 개화하려면 참과 거짓, 삶과 죽음 그리고 무위와 유위에 대한 분별까지 모두 버려야 합니다.

제7차크라(사하스라라)의 경험
자기 자신의 주인으로 살며 진정한 자유인이 되다.

제1차크라부터 제7차크라까지, 일곱 차크라를 모두 개화하는 것이 어렵게 느껴질 수 있겠습니다. 그런데 모든 차크라를 개화하기 위해 우리가 현실적으로 당장 지향해 나가야 할 것은 위인, 성자들의 삶을 좇아서 완전무결하고 완벽하게 되는 것과는 거리가 멉니다.[32)]

---

32) C.G.융은 자기(Self)와 하나가 되기 위해 필요한 것은 완벽함(perfection)이 아니라 완결성(completeness)이라고 설명했습니다. 융은 『꿈에 나타난 개성화 과정의 상징』에서 다음과 같이 설명했습니다. "삶의 완성을 위해서 필요한 것은 완전무결함이 아니라 온전성이다. 즉 결함을 감내할 필요가 있으며 그렇지 못할 경우 전진도 비약도 있을 수 없다."

자기완성을 위해 필요한 것은 실질적으로 무조건 초월적인 그 무엇을 추구하는 것이 아니고 가장 인간다우면서도 자기답게 될 수 있는 길을 찾는 것이라고 할 수 있습니다. 그러려면 우선 삶으로부터 도망치지 말고 진실한 태도로 현재 일어나고 있는 일들을 실제로 맞닥뜨리며 받아들일 수 있어야 합니다. 현실적으로 '지금' '여기'의 상황과 필요에 대응하며, 있는 그대로의 자기 자신을 수용할 수 있는 내면의 중심을 세우는 것이 중요합니다. 눈앞의 현실의 모순, 한계를 소화하고 삶의 도전에 대응해나가다 보면, 에고를 녹이며 어떤 조건이든 포용할 수 있는 조화·균형을 이룬 차크라의 상태를 가질 수 있을 것입니다.[33]

복잡하고 혼돈스러운 삶의 현장에서조차 혹독하게 훈련하며 그렇게 자기 초월의 노력을 해 나가는 과정에서 자연스럽게 자신의 고유한 핵심, 정수가 드러나고 진정한 자기다움을 찾을 수 있으리라고 봅니다.

---

33) 어떤 시련을 경험하더라도 그것을 수용하고 긍정적인 방향으로 변화시키려고 노력하는 것이 필요하다고 할 수 있습니다.

제7차크라가 개화된 이후의 삶에 대하여

과거 TV의 리얼리티 체험 프로그램에서 어느 출연자가 강 위에 뜬 채 떠내려가는 모습을 본 적이 있습니다. 출연자가 들어간 강은 세계적으로 유명한 청정 보호구역에 있었는데 강물의 바닥이 훤히 보일 정도로 깨끗했습니다. 그 때문인지 출연자는 그 경관에 취해서 물아일체(物我一體)가 되어 자신도 모르게 콧노래를 부르며 강을 침대 삼아 그 위에 떠 있었습니다. 나중에 그 출연자는 심지어 방송이란 것도 잊어버리고 강물에 몸을 맡긴 채 혼자서 유유자적(悠悠自適) 물에 둥둥 떠내려가기조차 했습니다. 그때 차크라 리딩을 해보니 그 출연자는 일시적으로 제7차크라를 주로 사용하며 그 에너지에 온전히 동화되어 있었습니다. 제7차크라를 온전히 개화한 후의 삶은 당시 이 출연자의 내면의 상태와 유사한 점이 있습니다.

제7차크라를 완벽히 개화한 이후에는 이런 식으로 일체감 속에서 나와 남을 둘로 보지 않고 모든 것에서 행동함이 없이 행동하며 무위(無爲)의 삶을 살 수 있게 됩니다. 즉 제7차크라의 온전한 개화 후에는 어떤 사람, 그 어떤 것들로부터도 영향을 받지 않고 온전한 자유를 누릴 수 있습니다. 제7차크라의 개화 후 외부의 대상들이 자신과 하나임을 자각하고 에고로서의 '나'가 사라지며 무판단·무집착이 가능하기 때문에 자연스럽게 그렇게 될 수 있습니다. 말하자면 제7차크라를 온전히 열면 개아의식에서 벗어나 텅 빈 충만 속에서 모든 것과 조화를 이루며, 삶은 자동적으로 진행되게 됩니다. 즉 전체의식과 합일을 이루고 일원적 관점이 완벽하게 뿌리내립니다. 보고 들으며 행동하는 것들은 그대로 주변 상황과 조화를 이루고 진리가 될 수 있습니다.

그렇다고 제7차크라가 개화된 사람에게 삶의 문제나 시련이 없는 것은 아닙니다. 제7차크라를 개화한 사람도 살면서 평범한 사람들과 똑같이 고난을 체험할 수 있지만 정작 그러한 일을 겪는 인물, 당사자가 존재하지 않습니다.[34] 위에서 예로 든 프로그램 출연자는 제7차크라를 개화한 경우에 해당하는 사례로 백 퍼센트 정확하지는 않습니다. 즉 그 출연자는 당시 제7차크라를 일곱 개의 차크라 중 가장 많이 사용한 것은 맞지만 제7차크라 자체는 완벽하게 개화되지 않은 상태였습니다. 만약 그 출연자가 깨끗한 물이 아니라 핏물이나 고름 물 등 최악의 환경에서도 그렇게 일체감을 느끼며 유유자적할 수 있다면 완전하게 열린 제7차크라를 가졌다고 말할 수 있을 것입니다. 요컨대 제7차크라를 완

34) 그런 경우 장자(莊子) 외편의 산목(山木) 편 중 허주(虛舟) 즉 빈 배 이야기의 그 빈 배의 상태와 유사할 것입니다.

벽하게 개화한 경우라면 자아중심성이 사라진 상태에서 모든 환경, 조건화에서 온전히 자유로울 수 있습니다. 즉 기쁨과 슬픔, 행복과 불행, 삶과 죽음 등이 뒤섞여 있는 현실 속에서 그 어느 것에도 구애됨이 없이 현존하며 일체를 온 가슴으로 껴안는 성숙성을 갖추고, 막히거나 거침이 없는 무애(無礙)의 삶을 살 수 있게 됩니다.

제3의 눈에 대한 환상

과거 지병을 치유하기 위해 필요하다고 생각했던 것 중 하나는 제3의 눈 즉 제6차크라가 발달된 사람들과 교류하는 것이었고, 실제로 적지 않은 도움을 받기도 했습니다. 당시 병원 진료를 통해 지병이 호전되지 않자 아버지의 권유로 인체의 오라를 보는 등 초감각지각능력이 있는 사람들에게 치유도 받고 건강에 대한 조언을 구했습니다. 별의별 신기한 초감각지각능력을 가진 사람들을 계속 만나며 보이지 않는 차원을 감지하는 모습을 곁에서 직접 지켜보면서 부러움을 느끼기도 했습니다.

그런데 그런 초능력은 특별한 사람만이 갖는 거라고 생각하고 그때는 그것에 대해 적극적으로 알려고 하지 않았습니다. 영성에 관심을 갖고 나름의 수행을 하며 마음의 본질에 대한 이해가 깊어지면서 비로소 제3의 눈에 대해 막연한 호기심만 있는 수준에서 벗어났습니다.

시간이 흐르면서 결국 제3의 눈의 작용으로 초감각지각능력뿐만 아니라 지혜, 통찰력, 직관력이 강해질 수 있다는 사실에 대해서도 새롭게 인식할 수 있었습니다. 즉 제3의 눈이 개화하면 넓고 깊은 확장된 맥락에서 전일적 관점을 갖게 되며, 실재하는 실체를 인식하면서 초감각지각능력 외에도 지혜, 통찰력, 직관력이 높아질 수 있음을 이해하게 되었습니다. 그러나 실제 리딩 사례에서 보면 제3의 눈 즉 제6차크라가 발달한 사람 중 초감각지각능력 그리고 고도의 통찰력과 지혜 그 두 가지 모두를 같이 가진 경우는 그리 많지 않았습니다. 차크라의 개화와 함께 반드시 얻어지는 그 무언가가 아니고 하위 차크라에 비해 가능성이 더 열린 것으로 이해해도 좋을 것입니다.

더 중요한 것은 제3의 눈에 있어서 마음을 비우며 전체의 입장에 서는 것이라는 사실입니다. 여기서 마음을 비운다는 것은 두려워하고 집착하는 등의 자기중심적인 마음을 내면에서 내려놓는다는 의미인데, 그렇게 한다면 에고의 투사로 인한 왜곡 없이 실상을 정확히 볼 수 있을 것입니다. 마음은 이미 그 자체에 제한적이며 단편적인 면이 있기 때문입니다. 참나의 절대적인 조화, 온전함 속에서는 굳이 구하고 바랄 것이 없는데 에고로부터 비롯한 마음은 일부러 결핍감을 만

들며 뭔가를 얻으려 하는 등 이미 그 탄생부터 한계가 내재되어 있는 것입니다.[35)]

기본적으로 '나'에 토대를 둔 자아중심적인 마음이 있는 한, 초감각지각능력이든 통찰력이든 상관없이 있는 그대로의 참모습 혹은 고차원적 진실을 볼 수 없습니다. 요컨대 초감각지각능력뿐만 아니라 지혜, 통찰, 직관력 모두 에고의 분리감에서 벗어날 때 생기는 것이라고 할 수 있습니다.

저의 경우 과거 에고의 부정성에서 벗어나지 못해 적지 않은 실수를 하기도 했습니다. 예를 들어 과거 제3의 눈을 사용하는 차크라 리딩 상담에서 개별적인 나를 극복하고 마음을 비우지 못한 채 잘못된 리딩을 한 적이 꽤 있었습니다. 제3의 눈을 사용할 때 일체감 속에서, 에고에서 비롯한 선입관, 편견 등이 없이 투명하면서도 순수함을 유지하는 것이 필수인데도 일반적인 리딩 상담에서는 별다른 실수가 없었던 반면 상담 의뢰자가 이상형에 가까운 여성일 경우 오류를 범

---

35) 에고는 존재하지 않는 부족함을 억지로 만들고 그 결핍을 채우기 위해 욕망을 탄생시킵니다. 그리고 그 욕망이 생각을 만들어 결국 참나로부터 멀어지게 한다고 할 수 있습니다. 세도나 메서드의 창시자 레스터 레븐슨은 욕망에 대하여 다음과 같이 설명했습니다. "욕망은 우리가 전체가 아니라고 하는 생각에서 나옵니다. 당신이 욕망이 없는 상태에 도달했을 때 당신은 자신을 전부로 봅니다. 거기서 더 이상 필요한 것도 부족한 것도 없고 모든 것이 바로 당신입니다."

하고는 했습니다.

상담을 했던 당시 저는 10년 가까이 이성 교제를 전혀 하지 못한 상태였습니다. 지병의 완치 그리고 경제적 독립 그 두 가지 중 어느 것 하나 제대로 이루지 못한 상태에서 연애는 꿈도 꿀 수 없었습니다. 병의 치유를 위해 수행하고 나름의 공부를 해 나가는 것에도 매우 벅찬 상황이었고 그 외의 것들에는 전혀 신경을 쓸 수 없었습니다. 그러한 외적인 조건으로 인해 이성 교제에 대해 소극적이었지만 내면에는 항상 여자 친구를 사귀고 싶은 간절한 마음이 있었습니다. 그런데 상담할 때 내담자가 이성이라는 것을 의식하게 되면 부족한 표현력으로 말도 마음과 달리 자연스럽게 나오지 않았고 전체적으로 자신감 없게 상담을 마무리하곤 했습니다. 게다가 이상형이라고 여기는 여성 내담자의 상담에서는 말할 것도 없었습니다.

보통 리딩을 하고 그 결과 분석을 할 때 시간도 꽤 걸리고 무념무상 속에서 고도로 집중하는 것이 필요합니다. 그래서 상담 의뢰자로부터 사진을 미리 받고 상담 준비를 먼저 하는 편입니다. 그런데 상담을 위해서 미리 받은 사진 속 의뢰자의 머리 모양, 얼굴형 등이 평소의 이상형의 모습과 비슷하면 마음의 동요가 생겼고 정확한 리딩이 어려웠습니다. 만약 리딩 작업을 하다가 사진 속 의뢰자의 성향, 성격까지도 평소 여자 친구로서 이상적으로 생각하는 것과 비슷함을 확인하면 왠지 모를 기대감이 생기면서 리딩에서의 왜곡은 더 심해졌습니다. 리딩 상담을 시작한 초기에 실제로 그런 이유로 엉뚱한 리딩 결과를 갖고 상담을 해서 등골이 오싹했던 경험을 몇 차례 하기도 했습니다.[36)]

시간이 지날수록 초감각지각능력을 사용하는 것에 있어서 사소한 집착과 분별심 등을 포함한 에고의 부정성을 모두 깨끗이 제거하는 것이 중요함을 절실히 깨달을 수 있었습니다.[37)] 즉 상담 횟수가 늘면서 있는 그대로의 실재를 직시하려면 욕망과 두려움 등 에고의 작용으로 왜곡되지 않고 모든 수준에서 맑고 순수한 마음이 필요하다는 것을 깊이 자각하게 되었습니다.

리딩을 할 때 에고의 투사가 눈곱만큼이라도 있으면 안 된다는 것을 깨달은 이후, 마음 수련에 최대한 더 집중해 나갔습니다. 그때 목표로 한 것은 먼저 마음을 거울과 같이 만들어서 모든 것을 수용하되 집착하여 붙잡지 않도록 하는 것이었습니다. 거울은 어떤 대상에 대

---

36) 과거 그런 식으로 오류가 있는 분석 결과로 상담했을 때 상담 의뢰자에게 잘못을 바로 시인했습니다. 그런 경우 창피하지만 솔직하게 이성 교제가 없었던 위 내용과 같은 설명을 자세히 하며 상담 의뢰자의 이해를 구했습니다.

37) 그런 점에서 초감각지각능력은 인위적으로 취득할 수 있는 기술이 아니라는 생각이 듭니다. 그것 자체가 목적이 될 수는 없으며 참나에 대한 각성, 의식의 확장의 자연스러운 결과라 할 수 있습니다.

해서도 차별 없이 있는 그대로 완벽하게 비춰주면서도 거울 자신은 전혀 대상에 영향을 받지 않는 특징이 있습니다. 그래서 대원경지(大圓鏡智)[38]의 거울과 같은 청정한 마음을 만들려 노력했던 것이 제 수행 방향이기도 했습니다.

그런 식으로 노력을 계속하면서 점차 어떠한 내담자를 대하게 되더라도 별다른 실수 없이 상담할 수 있게 되었습니다.

그런데 상담하는 동안 평범한 일상을 사는 것으로 보이는 가정주부, 일반 직장인인데 초감각지각능력을 가진 사람들을 상당히 많이 만나왔습니다. 생각했던 것 이상으로 그런 사람들이 주변에 많아 그 점은 매우 놀라웠습니다. 그들은 선천적으로 예민하고 민감한 체질, 감수성을 가진 사람들로서 평소 예지몽이나 자각몽도 많이 꾸고 직관 혹은 이른바 '촉'이 정확한 편이었습니다. 그렇게 발달한 초감각지각능력을 가진 사람 중에는 전생의 이미지를 보는 사람도 있었고, 질병을 포함하여 타인의 심신 상태에 대한 정보를 원격으로 감지할 수 있는 사람도 있었습니다.

---

38) 대원경지는 크고 둥근 거울에 모든 것이 있는 그대로 비치는 것처럼 일체를 구름 한 점 없이 밝게 하는 청정한 부처님의 지혜를 말합니다.

그러나 보통 그런 사람들의 초감각지각능력의 대부분은 현실에서 제대로 사용되지 못하고 잠재된 채로 있었습니다. 실제로 본인의 초감각지각능력을 온전히 깨워서 사용하고 있는 경우는 극히 드물었습니다. 그들 중에는 본인의 예민한 감각을 통제하지 못한 채 마음에 휘둘리며 환청, 환각에 시달리는 사람도 있었습니다. 그러한 능력이 내재해 있더라도 많은 경우 그 능력을 발현시키는 데 있어서 불안정하고 위험한 부분이 적지 않게 있었습니다.

기본적으로 초감각지각능력을 자유롭게 조절·통제하며 사용하려면 본성과 하나가 된 상태에서 몸과 마음의 동일시에서 벗어나야 합니다. 그래서 상담 시 초감각지각능력이 있는 사람들에게 몸과 마음 그리고 영혼, 세 차원 모두의 조화와 균형을 위해 노력해야 함을 이야기하며 적극적으로 마음공부와 수련을 하도록 권했습니다. 마음 자체를 주도면밀하게 궁구(窮究)하며 마음 밖에 따로 사물이 있는 것이 아님을 철저히 자각하는 것이 중요하다는 것을 설명했고, 또한 환영을 걷고 진실을 보며 실재와 접촉하기 위해 가장 먼저 마음을 초월하며 정복하는 것이 필요함을 상세하게 이야기했습니다. 요컨대 생각, 감정 등을 스스로 컨트롤하며 존재의 중심을 세우는 데서부터 시작하지 않고 초감각지각능력을 사용한다면 사상누각의 결과가 나올 수 있음을 철저히 이해시키려 했습니다.

우리는 마음의 주인으로서 본인에게 자기 마음을 마음대로 사용할 수 있는 권리와 자격이 이미 있습니다. 그리고 그 어떤 것에도 사로잡히지 않으며 항상 현존하면서 마음 없음에 머무는 것이 중요한데, 그러려면 생각의 뿌리까지 추적하며 생각이 움직이는 전체 과정을 이해하는 것이 필요하기도 합니다. 만약 분리된 자아의식에서 벗어나 마음을 통제·극복하지 못한 상태에서 초감각지각능력을 사용한다면 본인의 능력을 오·남용하며 위험한 상황에 처하게 될 수 있습니다. 극단적인 경우 무의식에 압도되어 타인에게 피해를 주거나 스스로 목숨을 잃을 수 있는 상황에 처하기도 합니다.

특히 현상의 참모습을 있는 그대로 직관해내며 초감각지각능력을 계속 사용하기 위해서는 영·혼·육을 정화하는 노력을 끊임없이, 철저하게 해 나가야 할 것입니다. 항상 자기 자신을 맑은 눈으로 정직하게 볼 수 있도록 자기 수양에 게으르지 않아야 한다는 것이 중요합니다.

리딩 상담 사례가 늘고 마음의 원리를 깊이 이해하면 할수록 제3의 눈을 지나치게 신비화할 필요가 없겠다는 판단도 들었습니다. 사실 선입견, 편견, 고정관념이 없고 마음이라는 감옥에서 나와서 광대무변(廣大無邊)한 마음의 힘을 자각했다면 제3의 눈과 관련된 능력들을 발휘할 수 있는 기초 자격을 갖춘 셈입니다.[39)]

마음은 빛보다 더 빠르게 한 찰나에 '가고 옴이 없이' 전 우주를 감싸고 올 수 있다는 것, 우주가 무너져서 가루가 된다고 하더라도 마음의 등불만은 꺼지지 않는다는 것 그리고 마음 하나로 전 우주를 삼키고 또 뱉어내고도 남음이 있다는 것[40] 등을 각성했다면 초감각적 지각능력을 사용할 기본 바탕은 갖춘 것이라고 할 수 있습니다. 그렇게 시공을 초월하는 마음의 한계 없음을 이해하고 모든 것을 둘로 보지 않을 수 있는 역량을 갖추면 누구든지 제3의 눈과 관련한 능력을 사용할 수 있는 것입니다. 비유하자면 전기선을 연결한 후에야 전등불이 들어오듯이 몸과 마음과의 동일시에서 벗어나 본인이 본래 완벽하고 한계 없는 무한한 존재임을 온전히 자각했을 때는 누구나 그러한 능력을 사용할 수 있습니다.

결국 초감각지각능력을 사용하는 것에 있어서 나 아닌 살아있는 모든 것과 하나가 되어 생각하고 느끼며 행동할 정도의 경지에 도달하는 것이 중요하다고 할 수 있습니다. 즉 무한을 포용할 수 있을 만큼

---

39) 마음은 그 자체로 자유롭습니다. 쉬운 예로서 마음에 아무리 많은 것을 넣어도 넘치는 일이 없고, 거기에 있는 것을 아무리 꺼내어도 줄어드는 일이 없습니다. 결국 자유는 우리의 존재의 자연스러운 상태라 할 수 있습니다.

40) 대행 스님은 법회 때 이러한 표현을 자주 사용하셨습니다. 대행 스님은 광대무변한 마음에 대해 다음과 같이 설명하셨습니다. "마음은 하나이지만 마음 내는 것은 수억, 아니 이 삼천 대천 세계에 꽉 찰 만큼 많다고 할 수 있다. 그렇기에 내가 어느 누구라도 될 수 있고 어느 누구도 내가 될 수 있다. 뱀도 내가 될 수 있고 개구리도 내가 될 수 있고 새도 내가 될 수 있고 대통령도 내가 될 수 있다."

나라는 개체의식을 내려놓고 나의 마음과 대상의 마음이 둘이 아님을 깨닫고 이원성을 넘어서는 것이 기본적으로 필요합니다. 만약 타인의 아픔을 내 아픔처럼 여기고 완벽히 일체를 자신으로 볼 수준이 된다면 불교에서 말하는 오신통(五神通), 육신통(六神通) 이상의 무한한 능력을 어렵지 않게 사용할 수 있을 것입니다. 그렇게 거짓 자아에서 벗어나 전체를 수용하는 큰마음을 가질 때 초감각지각능력과 함께 지혜, 통찰력 등 특별한 힘이 생길 수 있는 것입니다. 달리 말하면 제3의 눈의 개화로 인해 생기는 그러한 초감각지각능력 그리고 통찰력, 지혜 등은 본래의 진정한 나와 하나가 되는 과정에서 '저절로' '자연스럽게' 얻는 부산물이라고 봐도 될 것입니다.[41]

요컨대 우리가 궁극적으로 지향해야 하는 것은 제3의 눈의 개안, 그 자체가 아니라 참나와의 합일 그리고 거기서 나오는 자유자재(自由自在)함이라고 할 수 있습니다. 우리는 본래 자유인으로서 마음을 자기 마음대로 생각하며 당당하게 사용할 수 있는 조건과 권리를 이미 갖고 있지만 실제로는 그러한 자각조차 못 하고 있는 것이 사실입니다. 문 없는 문을 열고 참나와 하나가 되어서 에고의 제한된 의식이 아니라 '한마음'의 전체의식을 갖는다면 단순히 특별한 능력을 사용

41) 초감각지각능력은 그렇게 정체성이 확장되면서 나타나는 자연스러운 결과물로서 그 특별한 능력만 얻으려고 일부러 개화하려 하는 것은 무의미하다고 할 수 있습니다.

하는 것 이상의, 보다 근원적 자유와 해방감을 누릴 수 있을 것입니다.

모든 동일시에서 벗어나 정체성을 크게 확장하면 단순히 남다른 특별한 능력을 얻는 것을 넘어 일체 걸림이 없는 대자유인의 삶을 살 수 있을 거라는 생각이 듭니다. 진정 그럴 수 있다면 물 위에 떠 있는 빈 조롱박이 빙글빙글 돌며 떠다니듯이 주변 세계와 조화로운 균형 상태에 있으면서 행복과 불행 그 어떠한 것에도 구속되는 것 없이 자유롭게 살 수 있을 것입니다.

전생 및 윤회에 대하여

저의 경우 실제적이고 경험적인 측면도 중요시하는 편이고 그동안 검증이 어려운, 보이지 않는 차원에 대한 접근에 있어서 대단히 신중하고 조심스러워했습니다. 그런데 마음공부 및 에너지적 리딩을 계속해오면서 논란이 많은 전생에 관한 문제에 있어서 전생의 존재를 긍정하는 쪽에 결국 손을 들어주게 되었습니다. 루돌프 슈타이너, 다카하시 신지, 에드거 케이시, 달라이 라마, 안동민 씨, 백성욱 박사, 대행 스님 등 과거 전생의 존재에 대해 긍정적으로 이야기했던 신비 사상가, 예언가, 심령 연구가, 승려 등을 리딩해보면 그들의 제3의 눈은 모두 실제로 매우 발달해 있었습니다. 차크라를 포함한 다양한 방식의 리딩을 통해 그들이 정말로 보이지 않는 차원을 정확히 감지할 수 있는 역량이 있었음을 충분히 유추할 수 있었습니다.

그리고 타인의 전생을 읽는 사람들을 주변에 많이 알고 있는데 그러한 사람들을 직접 리딩해보면 모두 공통적으로 일반인들 이상의 높은 초감각지각능력을 갖고 있었습니다. 그 외에 과거 리딩한 결과를 분석하다 보면 전생이 실재함을 인정하지 않고서는 설명이 안 되는 부분이 많았습니다. 리딩 결과에 있어서 갓난아이들도 주로 사용하는 차크라의 위치가 모두 동일하지 않았습니다.

그런데 궁극의 차원에서 보면 윤회는 따로 존재하지 않을 거라는 생각이 듭니다.[42] 참나, 자기의 근본은 생사와 관계없이 무한하며 영원하다고 할 수 있습니다.[43] 그렇게 존재의 뿌리는 시공을 초월한 채 언제나 그대로이면서도 지금(今生) 무슨 생각을 하느냐에 따라 다음 순간(後生)의 조건 및 결과가 찰나에 바뀐다고 할 수 있습니다. 달리 말하면, 생각이 일어났다가 또 없어지는 것이 생사(生死)나 다름없고 마음을 일으킨 한순간이 다음 생(後生)이 될 수 있는 것입니다.[44]

예컨대 집에서는 아버지가 되었다가 직장에 가면 말단 직원이 되는 것 그리고 유년기, 청년기, 장년기를 거쳐 노인이 되는 것을 생각해 보시기 바랍니다. 각 순간순간 그 하나하나에서 죽음을 겪으며 새로 태어나는 것과 같고 결국 모두가 윤회이며 윤회가 아닌 것이 없다고 할 수 있습니다. 그런 식으로 영원한 자기의 근본은 항상 그대로인 채 살아가면서 마치 배우처럼 상황과 조건에

---

42) 기본적으로 참나 차원에서 보면 새로 태어나 산 것이 없으니 죽는 것도 없다고 할 수 있습니다.

43) 그렇다고 해서, 변하지 않고 고정불변한 실체로서의 '나'가 있다는 의미는 아닙니다.

44) 지두 크리슈나무르티는 『삶과 죽음에 대하여』에서 다음과 같이 설명했습니다. "나에게는 살아있음 속에 죽음이 있는 까닭에 살아있음과 죽음이 구별되지 않는다. 사람은 마음이 매 순간 죽어가는 까닭에 죽음을 알고 있으며 바로 그 끝에 새로 태어남, 새로워짐, 신성함, 순결함이 있다."

따라 수시로 다른 역할과 임무를 바꿔 맡는 것 자체가 윤회와 같을 수 있다고 봅니다.[45] 그렇게 모두 윤회가 아닌 것이 없다면 특별히 윤회가 존재한다고 할 수도 없을 것입니다.

45) 무한한 '참나'만이 영원히 변함없이 존재하며 아버지, 회사 직원 등 각각의 역할을 맡은 따로따로의 '에고로서의 자아'가 별도로 있는 것이 아니라고 할 수 있습니다.

신의 선물

리딩을 해보면 태어난 지 얼마 되지 않은 갓난아이들도 차크라의 상태가 모두 동일하지는 않았습니다. 육체, 정신, 혼이 막 시작한 어떤 새로운 에너지로 기본 세팅되어 태어나는 것은 아니라는 의미이기도 합니다. 특이한 점은 신생아의 경우라도 선천적으로 가장 많이 발달한 한 개의 고유한 차크라를 별도로 갖고 있었습니다. 그리고 그 차크라 위치는 모두 달랐습니다.

일곱 개의 차크라 중 가장 많이 개발된 그 차크라를 저는 '주 에너지 센터' 혹은 '대표 차크라'로 정의합니다. 리딩을 할 때 그것은 대단히 중요한 의미로 받아들여지는데, '주 에너지 센터' 혹은 '대표 차크라'가 말 그대로 자신을 대표하는 차크라로서 본인의 고유하고도 특별한, 개별적인 적성과 소질 그리고 자기실현 여부를 알려준다는 것을 파악하였기 때문입니다.

실제 리딩을 할 때는 '대표 차크라'를 '유아기의 대표 차크라'와 '성년기의 대표 차크라', 두 가지로 나누어서 확인합니다. '유아기의 대표 차크라'의 위치를 통해서는 고유한 재능을 포함한 타고난 영혼의 코드를 알 수 있고, '성년기의 대표 차크라'를 통해서는 성인으로 살아가면서 '유아기의 대표 차크라'와 관련된 선천적 자질을 얼마나 개발해서 오롯이 자기실현을 해 나가고 있는지 판단할 수 있습니다.

그러나 이렇게 '대표 차크라'를 사용하고 있는 것은 인간을 특정 유형으로 규정하며 그 틀에 가두기 위한 것이 아닙니다. '대표 차크라'의 사용 목적은 궁극적으로 특정 차크라를 '대표 차크라'로 사용하는 한계, 틀에서 벗어나 일곱 개의 전 차크라를 '대표 차크라'로 사용할 수 있도록 하는 데 있습니다. 결국 성자들처럼 모든 차크라를 개화해서 전체 차크라 에너지를 균형 있게 두루 사용하며 내재된, 타고난 능력을 남김없이 전부 발휘하는 것이 중요하다고 할 수 있습니다.

리딩을 할 때 '유아기의 대표 차크라' 그리고 나머지 다른 차크라들의 발달한 순서를 알아내면 잠재된 재능을 파악하고 내담자의 적합한 미래 직업을 예측하는 것이 가능했습니다. 그러나 각 '대표 차크라'에 적합한 직업군을 칼로 자르듯이 명확히 분류하는 것이 간단한 문제는 아닙니다. '대표 차크라'별 직업군을 정확히 확인하려면 실질적으로 '대표 차크라'의 다음 순위로 발달한 차크라까지 파악하고 전체적인 차크라 발달 순서를 함께 고려해야 합니다.

리딩 사례가 축적되면서 본인에게 가장 적합한 직업을 찾기 위해서는 '유아기의 대표 차크라'와 관련된 적성을 개발하는 것이 필요함을 이해하게 되었습니다. 조심스럽지만 조금 거창하게 표현하자면 '유아기의 대표 차크라'란 한 생명이 부여받은 혹은 선택한, 이 삶에서의 소명이라고 이해되기도 합니다. 기본적으로 부여받은 어떤 달란트가 있고 자신의 길을 이해하고 받아들일 소양이 어느 정도 되었다면 자연스럽게 그 길을 열어갈 기회가 펼쳐진다고 믿는 편입니다. 하지만 그렇게 되지 않았다고 해서 좌절할 필요는 없고 그 과정 자체 또한 이 삶에서의 소중한 의미가 될 수도 있다고 봅니다.

즉 자아 완성을 하기 위해서는 '유아기의 대표 차크라'를 확인하고 그것에 맞는 본인 특유의 개성과 소질을 기본적인 바탕으로 발달시키는 것이 중요함을 알게 되었습니다.[46] 융의 분석심리학에서도 자

---

46) 우리는 모두 근원 차원에서 보면 하나지만 개별적인 자기만의 고유한 특징을 지닌 다른 존재이기도 합니다. 깨달은 성자들도 각자의 색깔, 가르침의 방식이 다른 것이 사실입니다.

기실현을 하며 완전한 존재가 되는 과정은 이렇게 각자의 고유한 개별적인 구조들을 삶으로 온전히 드러내는 것과 관계있다고 설명하고 있습니다.

요컨대 우리는 모두 참나와 하나가 되어야 하지만, 각자 자신만의 고유한 재능을 확인하고 자기 고유의 방식으로 그것을 추구해야 한다고 할 수 있습니다. 우리는 신을 닮은 존재로서 신과 하나가 되어야 하지만, 제각각 타고난 나름의 색깔대로 그 목표를 완수해야 하는 것입니다. 그러한 사실들의 이해와 함께 지금까지 확인한 '유아기의 대표 차크라'별 적합한 직업을 대략 정리해보겠습니다.

제6 · 제7차크라를 '대표 차크라'로 갖는 직업군

소설가, 철학자, 예술가,[47] 영화 및 연극 연출가, 만화가, 건축가,
승려·목사·신부 등 직업 종교인 등

제5차크라를 '대표 차크라'로 갖는 직업군

교사, 아나운서, MC, 개그맨, 성우, 기자, 외교관,
광고 및 홍보 전문가, 마케팅 전문가, 게임 프로그래머 등

제4차크라를 '대표 차크라'로 갖는 직업군

영화배우, 탤런트, 가수 및 피아니스트 등 음악가,
의사, 간호사, 시인, 힐러, 애니멀 커뮤니케이터 등

제3차크라를 '대표 차크라'로 갖는 직업군

약사, 번역가, 통역사, 수학자, 통계학자,
세무사, 보석 감정사, 소믈리에 등

제1 · 제2차크라를 '대표 차크라'로 갖는 직업군

운동선수, 안무가, 여행 가이드, 소방관, 경찰관, 경호원,
모델, 비행기 조종사 및 승무원, 요리사, 미용사 등

---

47) 제6차크라가 발달한 사람 중에는 전통, 인습에 매이지 않고 상상력과 창의적 아이디어가 풍부한 사람이 많았습니다.

제1·제2차크라는 주로 몸에 예속되어서 물리적이고 외부적인 관계 및 힘에 대한 문제와 연관되어 있습니다. 그래서 그런지 제1·제2차크라 중 하나를 '유아기의 대표 차크라'로 갖는 경우 육체 수준에서 적극적으로 활동하고 타인과 교류하며 감각적으로 느끼고 경험하는 것과 관련된 직업을 많이 갖고 있었습니다. 이들은 몸을 움직이거나 외부 활동을 하는 것에 큰 두려움이 없으며 육체적 활동을 통해 자신을 드러내고 세상과 교류하는 것에 만족감을 느끼기 때문에 그러한 직업군에서 활동하기 적합하다고 할 수 있습니다. 제1차크라는 뿌리(root) 차크라로 부르며, 제2차크라는 천골(sacral) 위치를 회전하는 에너지로 봅니다. 뿌리와 천골이라는 단어에서도 알 수 있듯이 현실세계인 땅에 발을 딛고 사는 인간 활동의 근간이라고도 볼 수 있습니다.

몸에서 마음으로 넘어가는 중간 단계쯤 되는 제3차크라는 앞의 두 차크라의 에너지를 통합하여 개별적인 존재감을 구축하며 물질적 차원에 대한 학습 능력을 얻는 것과 관계되어 있습니다. 제3차크라를 '유아기의 대표 차크라'로 갖고 있으면 강한 집중력으로 정밀함을 추구하고 논리적이며 분석적으로 생각하는 경향이 뚜렷했습니다.

그리고 제4·제5차크라부터는 주로 마음에 예속되어서 물질이 아닌 내면의 힘과 연관되어 있습니다.

'유아기의 대표 차크라'가 제4차크라면 간호사, 의사처럼 보호하고 배려하는 성향 그리고 배우, 가수처럼 감성적 수용력이 필요한 직업을 갖는 경우가 많았습니다. 이타성의 실현이라는 점에서 의사, 간호사 등의 의료인을 포함시키기는 했지만, 현실적으로 이들 직업군에 속한 사람들이 각 차크라의 고유성을 잘 발현시키고 있는지의 문제와는 다를 수 있습니다. 또한 시인이나 소설가 등 내적인 감수성이 충만한 사람들 또한 제4차크라가 잘 발달해 있는 경우 그 역할을 제대로 하고 있음을 보았습니다. 제4차크라는 가슴 또는 심장(heart)에 해당하기 때문에 대상에 대한 사랑이 전제되어야 하며, 어떤 직업군에 있다 하더라도 제4차크라가 발달한 사람들은 따뜻한 마음으로 인간이나 동물, 식물 등 세상을 바라보고 있다고 말할 수 있습니다.

그리고 제5차크라가 '유아기의 대표 차크라'인 경우 아나운서, 성우처럼 커뮤니케이션 능력, 표현력, 전달력을, 그리고 마케팅 전문가, 프로그래머처럼 전략적으로 구성·계획·결정하는 데 뛰어난 능력을 갖고 있었습니다. 제5차크라가 목(throat) 부분에 있는 만큼 의사표현, 발언을 통해 자신을 잘 드러낼 수 있는 직업군에 적합하다고 할 수 있습니다. 또한 질서, 통제가 필요한 작업 환경에서도 높은 역량을 발휘하고 있었습니다.

마지막으로 제6·제7차크라가 발달한 사람들은 탐구적이며 심오한 면을 기본적으로 갖고 있었습니다. 제6차크라와 제7차크라 중 하나를 '유아기의 대표 차크라'로 사용하는 사람들은 심미성, 창조성, 영성 등 추상적이고 정교한 사고능력 혹은 초월적 통찰이 필요한 직업군에서 많이 일하고 있었습니다.

유명인을 예로 들어 설명해보자면, 활동적이며 새로운 경험을 추구하는 것과 관련된 제2차크라를 '유아기의 대표 차크라'로 갖고 있는 사람들에는 추신수, 박찬호, 박지성, 김연아 등 운동선수와 발레리나 강수진 그리고 엄홍길, 허영호 등 탐험가 등이 있었습니다.

논리적이고 이성적 사고능력과 관계된 제3차크라의 경우는 대표적으로 천재 수학자로 알려진 칸토어, 라마누잔, 괴델 등이 있었습니다.

그리고 감정을 깊이 느끼는 능력 그리고 사랑의 에너지와 관련된 제4차크라를 '유아기의 대표 차크라'로 갖고 있는 사람들에는 음악 오디션 프로그램의 우승자들을 포함한 뮤지션, 송강호, 하정우 등 영화배우 그리고 슈바이처, 장기려 박사님 등의 힐러, 의료인 등이 있었습니다. 또한 주로 말솜씨, 소통하는 능력과 관계된 제5차크라의 경우 아나운서 김성주, 개그맨 유재석 등이 대표적이라 할 수 있습니다.

진리, 진실을 적극적으로 추구하는 것과 연관된 제6·제7차크라를

‘유아기의 대표 차크라’로 갖는 사람들로는 미셸 푸코, 들뢰즈 같은 철학자들과 앤디 워홀, 피카소 같은 예술가들 그리고 티베트 불교의 달라이 라마 등 종교 지도자가 있었습니다.

객관적으로 삶이 잘 드러나 있거나 자기실현을 이룬 사람들의 차크라를 리딩해 오면서, 천직을 찾고 삶의 소명 혹은 과업을 달성하기 위해서는 선천적인 ‘유아기의 대표 차크라’의 특성과 관계된 분야의 일을 하는 것이 유리함을 거듭 확인할 수 있었습니다.

지금까지 설명한 ‘유아기의 대표 차크라’는 유아기 당시 가장 많이 사용하는 차크라를 말합니다. 그런데 ‘대표 차크라’ 즉 주로 사용하는 차크라는 계속 고정되어 영원히 유지되는 것이 아니고 성인이 되면서 그 위치가 계속 바뀔 수 있습니다. 나이가 들면서 어떤 마음, 어떤 태도를 갖고 무엇을 지향해 나가느냐에 따라 주로 사용하는 차크라의 위치에 변화가 생길 수 있습니다. 결국 그런 과정을 거쳐서 앞서 설명한 ‘성년기의 대표 차크라’가 결정됩니다. 예를 들어 시간이 흐르고 성인이 되면서 강한 에고 지향적인 성향을 보인다면 ‘대표 차크라’의 위치가 본인의 원래 ‘유아기의 대표 차크라’와 무관하게 아래 제1차크라 쪽으로 이동해갈 수 있습니다. 반대로 자기중심성에서 벗어나 참나와 하나가 되는 쪽으로 꾸준히 지향해 간다면 역시 ‘유아기의 대표 차크라’와 관계없이 ‘대표 차크라’의 위치가 제6·제7차크라 쪽으로 이동할 수 있습니다. 따라서 '성년기의 대표 차크라'의 위치는 '유아기의 대표 차크라' 에너지를 온전히 승화하여 성공적으로 자기 실현을 해 나가고 있는지를 직접적으로 나타낸다고 보고 있습니다.

여기서 오해하지 말아야 할 점은 '유아기의 대표 차크라'의 위치가 본인의 영적 각성의 수준과는 관계가 없다는 것입니다. 즉 '유아기의 대표 차크라'로서 하위 차크라를 사용한다고 해서 선천적으로 이기심이 강하고 에고 지향적인 성향을 갖고 있다는 의미는 아닙니다. '유아기의 대표 차크라'는 단지 그 사람 고유의 타고난 취향, 소질, 기질 등 나름의 경향성을 알려 주는 것뿐이지, 얼마나 선천적으로 참나를 깨닫고 의식 수준이 높은가를 지시하는 것은 아닙니다.[48)]

차크라마다 고유한 특성과 개화의 의미가 있고, 어느 차크라가 더 좋거나 가치 있다고 이야기할 수는 없습니다. 다만 시간의 흐름에 따른 차크라 개화 주기를 고려했을 때 성년기에는 제7차크라에 가까운 차크라를 사용하는 것이 참나와의 합일에 근접한 것으로서, 긍정적인 현상으로 보고 있는 것입니다.

---

48) '유아기의 대표 차크라' 외에 그다음 순위로 사용하는 차크라까지 확인해 보면 일방적으로 상위 차크라(제5·제6·제7차크라)나 하위 차크라(제1·제2·제3차크라)만 사용하는 경우는 거의 볼 수 없었습니다.

결국 자아 완성을 이루는 것에 있어서 '유아기의 대표 차크라'보다는 성인이 된 이후의 '대표 차크라'가 결정적으로 더 중요하다고 할 수 있습니다. 예를 들어 어린 시절에 제6·제7차크라를 '대표 차크라'로 갖고 있더라도 성인이 되어가면서 에고를 제대로 정화해 가지 않으면 본인의 본래 잠재된 재능을 백 퍼센트 온전히 깨워 사용하기 힘들고 자기실현에 실패할 수 있습니다.

반대로 어린 시절 제6·제7차크라 이외의 차크라를 '대표 차크라'로 가졌더라도 그 '유아기의 대표 차크라'와 관계된 본인의 소질을 계발하며 자기중심성을 극복하는 데 힘써 간다면 자기완성을 얼마든지 할 수 있습니다.

말하자면 청년기까지는 '유아기의 대표 차크라'를 잘 발달시켜서 타고난 능력을 발휘할 수 있는 바탕을 마련하고, 성인이 되면서는 참나와 하나가 되기 위한 노력을 함께 해 나가는 것이 건강한 방식의 자아실현 과정이라고 봅니다. 사회 각 분야에서 진실로 성공한 사람들은 모두 '유아기의 대표 차크라'를 주춧돌로 기본적으로 잘 개발해 본인 고유의 재능을 잘 단련해 놓고 그 후에도 자기중심성을 내려놓는 노력을 끊임없이 해 나갔을 거라고 봅니다.

본인이 갖고 있는 고유한 기량을 최고로 발휘하며 삶의 과업을 성공적으로 완수해 가고 있는 사람들로부터 공통적으로 평소 언행을 포함해 모든 면에서 매우 '자연스럽다'는 느낌을 받을 때가 많습니다. 즉 그들은 '유아기의 대표 차크라'와 '성년기의 대표 차크라' 모두를 성공적으로 발달시키며 자신만의 타고난 소질의 계발 그리고 참나와의 합일 그 두 가지 전부를 놓치지 않고 성취를 이룬 경우에 해당할 것입니다. 그렇게 각자의 타고난, 특별하고도 개별적인 구조들을 밖으로 드러내면서도 일체성의 리듬을 함께 따를 때 진정으로 한 인간이 되며 뭔가 특별한 점이 '저절로' '자연스럽게' 묻어나오는 것으로 보입니다.

개체성과 전체성이 조화·균형을 이루고 서로 잘 녹아들면서 우주적 흐름과 조율된, 진정한 자신의 모습, 가장 이상적인 '고유한 자기다움'이 여실히 백 퍼센트 드러난다고 할 수 있습니다. 그리고 본성과 하나가 된 그러한 최상의 조화와 균형의 상태에서 '행동함 없이' 행동하며 '애씀 없이' 노력하는 모습을 보이고, 결국 타인에게 자연스러우면서도 긍정적 느낌을 주는 것으로 보입니다.

제6·제7차크라의 개화에 도움이 될 만한 책들

차크라 리딩 상담이 주된 일이었지만 차크라 자체에 대한 공부보다는 저 자신에 대한 이해에 집중하며 관련 독서를 해왔습니다.[49] 엄밀하게 말하면 진정한 나를 이해하기 위해 노력하는 과정에서 제6·제7차크라의 각성과 함께 그러한 리딩 능력을 부수적으로 얻은 것이라고 할 수 있습니다. 자신에 대한 앎을 넓히기 위해서는 기본적으로 위대한 전승 지혜의 핵심을 이해해야 했습니다. 특히 라마나 마하리쉬의 『나는 누구인가?』의 탐구, 마하라지의 『내가 있다』는 자각 그리고 대행 스님의 『주인공, 한마음』에 대한 파악을 위해 많은 시간을 투자했습니다.

아래는 제가 진정한 자아를 깨치고 제6·제7차크라를 각성하는 데 도움을 받은 책으로서 기본적으로 읽어볼 만한 책들입니다.

- 과거 모든 차크라를 개화하고 존재의 근원과 하나가 된, 깨달은 각자(覺者)들의 책 위주로 마음공부를 했습니다. 차크라 리딩을 통해서도 직접 확인·검증한 성자들로서 오쇼 라즈니쉬,

---

49) 리딩 능력을 안정적으로 갖춘 후에는 책 내용뿐만 아니라 저자의 차크라 상태까지 참고하여 책을 선택하기도 했습니다.

지두 크리슈나무르티, 라마나 마하리쉬, 니사르가닷따 마하라지, 대행 스님 등의 책을 교과서처럼 생각하고 항상 곁에 두고 수시로 반복해서 읽었습니다.[50)]

- 과거 영성 서적 중 불교의 선(禪) 사상과 관련된 다양한 책을 읽기도 했습니다. 주로 불교의 맥을 이어온 스승들, 조사(祖師)들의 어록을 번역·해석한 책을 읽었는데, 둘이 아닌 도리를 깨치는 데 큰 도움을 받을 수 있었습니다. 시중에 『육조단경』 『신심명』 등 선어록과 관련된 책이 많이 나와 있습니다. 이 중 본인 눈높이에 맞는 책을 선택해서 읽어나가면 되리라 봅니다. 제6·제7차크라의 완전한 개화를 위해서는 생각의 모든 흐름과 그 본질을 다 이해해야 하며 마음 그 자체에 대한 통찰이 필요합니다. 그러려면 대승불교의 공(空) 사상에 대한 이해가 있으면 유리한데, 기본적으로 금강경을 읽으시기를 권해드리고 싶습니다. 참고로 저는 여러 금강경 해설서 중 남회근 선생님의 『금강경 강의』를 제일 먼저 읽었습니다.[51)]

50) 이 성자들의 책 중 크리슈나무르티의 『지두 크리슈나무르티의 테마 에세이 세트』 전 13권의 경우 1권부터 읽지 않고 일상생활을 하면서 그때그때 궁금한 주제에 해당하는 책을 선택해서 읽었습니다. 예컨대 자유에 대해 궁금증이 생기면 『자유에 대하여』를 읽었습니다. 읽고 싶은 테마별로 책을 수시로 반복해서 읽으면서 효과적으로 이른 시간 내에 해당 주제의 내용을 정리할 수 있었습니다.

- 종교나 영성 서적이 아니더라도 융의 분석심리학에 대한 책도 제6·제7차크라 각성에 도움이 될 수 있을 거라고 봅니다. 리딩을 하면 분석심리학의 창시자인 C.G.융의 경우 생전에 제7차크라를 '대표 차크라'로 사용했던 것으로 확인됩니다.[52] 그래서 더 신뢰감을 느끼고 분석심리학에 대한 공부를 계속해나갈 수 있었습니다. 융 사상에 대한 이해를 위해 먼저 분석심리학자 이부영 선생님이 쓴 『그림자』 『아니마와 아니무스』 『자기와 자기실현』 『분석심리학』 등을 읽었습니다. 그러면서 기본 배경지식을 마련했고 그 후 『인간과 상징』을 비롯해서 융의 글이 직접 담긴 책들을 읽었습니다. 그 외 심리학 책 중에서는 『무경계』 등 통합심리학의 개척자 켄 윌버의 책들을 통해 참나와 하나가 되는 경지의 단계 및 과정을 명확히 이해할 수 있었습니다.

- 동양철학과 관련된 공부를 하면 제6·제7차크라 각성에 직·간

---

51) 남회근 선생님을 리딩하면 생전 최전성기 시절에 제7차크라를 '대표 차크라'로 사용하셨던 것으로 확인됩니다.

52) 반면에 프로이트는 전성기 시절에 제6차크라 에너지를 주로 사용했던 것으로 확인되었습니다. 인간을 영적인 존재로 여겼던 융과 다르게 프로이트는 인간의 영적 차원을 배제했던 것으로 알고 있습니다. 『허접한 꽃들의 축제』의 저자 한형조 교수님도 다음과 같이 설명하셨습니다. "불교는 프로이트가 8식 주변을 보았고 융이 8식의 심층 혹은 9식의 정체를 간파했다고 할지 모르겠다."

접적으로 긍정적 영향을 받을 수 있을 거라고 봅니다. 동양철학 중 중국철학에 있어서는 특히 『도덕경』 등 노장사상(老莊思想)의 책들을,[53] 인도철학에 있어서는 『바가바드 기타』 등 아드바이타 베단타의 불이일원론(不二一元論)과 관련된 책들을 먼저 읽어보길 권합니다.

- 그 밖에 깊이 공부하지는 않더라도 서양 신비주의 사상과 관련하여 유대교에서의 카발라, 기독교에서의 영지주의(Gnosticism)[54], 이슬람교에서의 수피즘 그리고 점술로서의 타로 카드에 대한 기본적인 지식을 마련하면 제6·제7차크라 각성에 도움이 될 수 있으리라 생각합니다.

---

53) 제7차크라 개화 후 삶의 흐름과 움직임에 맞춰 물이 흐르듯이 무위(無爲)적으로 자유롭게 살 수 있게 됩니다. 그런 점에서 도교의 무위(無爲)사상에 대한 이해가 있으면 도움이 됩니다.

54) C.G.융도 영지주의를 지지했습니다.

성 에너지에 대한 고백 : 제2차크라

책 집필 전에 성(性)과 관련된 개인적 체험에 대한 내용이 있는 이 장을 넣을 것인지 고민했는데 결국 포함시켰습니다. 그동안 에너지 리딩을 해오면서 이 세상에 나만 아는 일이란 있을 수 없고 거짓이 '절대로' 통할 수 없음을 뼛속 깊이 깨달을 수 있었습니다. 그러니만큼 진솔하게 저에 대한 이야기도 적어보겠습니다.

앞장에서 설명했다시피 제2차크라는 맛, 냄새, 성적 쾌락 등 감각적 혹은 지각적 체험과 관련된 에너지 센터입니다. 천골(sacral)이라는 단어로도 쉽게 이해할 수 있습니다.

저의 경우 저 자신의 치유를 위한 노력 과정이 가장 절실했기 때문에 이성 교제 자체가 불가능한 상황이었습니다. 그때 일곱 개의 차크라 중에서 가장 상태가 나쁜 차크라는 성 에너지를 담당하는 제2차크라일 것이라 짐작하고 있습니다. 그동안 마음공부 및 수행을 해오면서 지병의 완치와 영적 완성을 이루기 위해 완전한 금욕이 필요하다고 생각했던 이유이기도 합니다. 특히 아무리 치열하게 노력해도 지병이 호전되지 않자 그 이유가 관능적 쾌락, 정욕을 극복하지 못했기 때문이라고 보고 실제로 최대한 금욕적인 생활을 했습니다.

그러나 성욕 자체를 해결하기 위해 이른바 '야동'을 본 적도 있기 때문에 완벽한 금욕이라고 말할 수는 없습니다. 예컨대 '내가신장(內家神掌)'처럼 신장(腎臟)을 강화하고 성 에너지를 깨울 수 있는 몸 수련을 하거나 파, 양파, 마늘 등 오신채(五辛菜)가 들어간 음식을 먹었을 때 성욕을 통제하기 힘들었습니다.[55] 그럴 때는 이른바 야동, 구체적으로 일본 AV(Adult Video)를 접했습니다. 저의 경우 영성에 관심을 갖고 마음공부를 하기 전인 20대 후반까지 일본 영화·음악을 포함해서 일본 문화에 광적으로 심취해 있었고 당시 일본 AV 또한 즐겨 보았습니다. 그런 취향이 남아있어서 수행을 시작한 후에도 강하게 성욕을 느낄 때는 자연스럽게 일본 성인 동영상을 찾아서 본 적이 있었

55) 수행을 시작한 초기에는 '내가신장'을 하거나 오신채를 먹었을 때 영향을 받았지만, 시간이 흐르면서는 그런 영향도 좀처럼 받지 않게 되었습니다.

습니다.

성욕을 참지 못해 성인물을 접하더라도 그것들을 자유롭게 마음대로 본 것은 아니었습니다. 30대 초반 및 중반에 있었던 변성의식 상태 및 임사체험에서 저에게 성에 대한 잘못된 관점과 불필요한 집착이 있다는 것을 자각한 이후부터는 성인물 보는 것을 최대한 자제해왔기 때문입니다. 그러한 각성을 한 이후 가능하면 금욕하며, 성 에너지 사용에 있어 스스로 정한 일정 한계, 원칙을 벗어나지 않기 위해 주의하게 된 것이 사실입니다. 주체하기 힘든 성욕이 생겨도 깊은 갈등 속에서 마지막 선택으로 동영상 보는 것을 선택했고, 강박적일 정도로 항상 극도로 신중하고 조심스러워했습니다.

만약 성인물을 오랜 고민 끝에 보더라도 이완하지 못한 채, 마치 공부할 때처럼 여러 가지 생각 속에서 심각하게 동영상을 봤습니다.[56] 동영상을 본 후에도 수면 중에 가위에 눌릴 정도로 죄책감 때문에 마음이 너무 괴로웠습니다. 나중에는 괴롭다 못해 슬픈 마음이 들기도 했고, 점차 예전처럼 그런 동영상을 보는 것을 결코 쉽게 선택할 수

---

56) 동영상을 보면서 종종 자위도 했습니다. 저의 경우 엑스터시 때 깨어있음 속에서 그것에 완전히 동화되지 않고 그것을 느끼는 배경, 주시자 입장에 서려고 최대한 노력했습니다. 그리고 엑스터시 전후로 항상 그러한 체험을 하게 해 준 근원의 힘에 깊은 감사의 마음을 가졌습니다.

없었습니다.

그 외에도 성인물을 편하게 볼 수 있기까지 넘어야 할 또 다른 제약들이 적지 않았습니다. 이것은 초감각적 지각이 발달한 것과 관계가 있을 것인데, 저는 어린 시절부터 시각적으로 아름다운 것들을 선호했고 외부 모든 감각과 자극에 비교적 민감한 편이었습니다. 그렇게 오감이 예민한 만큼 성인물을 볼 때도 3D·4D 영상을 보는 것처럼 입체적으로 자극을 받고 깊이 몰입하며 쉽게 감응할 수 있었습니다. 그런데 전형적인 포르노물의 개연성 없고 지나치게 적나라하고 가학적인 장면에는 어김없이 거부감이 생겼고, 아무 동영상이나 무조건 볼 수 없었습니다. 그리고 등장하는 여배우의 외모가 이상형에 일치하지 않으면 성욕이 좀처럼 생기지 않았습니다. 더군다나 나중에 에너지 리딩이 가능해지면서 아무리 이상형의 여배우가 등장하더라도 그 여배우로부터 밝고 건강한 기운이 느껴지지 않으면 영상을 보는 것도 포기했습니다. 너무 예민해지다 보니 여배우의 얼굴만 봐도 직관적으로 바로 뭔가 감지되는 것들이 있었는데, 그것이 부정적일 경우 성욕이 깨끗이 사라졌습니다.

그런데 난잡하지 않은 건전한 내용이면서도 맑고 긍정적인 느낌의, 이상형의 여배우가 나오는 동영상을 찾기는 정말 어려웠습니다. 결국 동영상을 보기 전부터 스트레스를 받는 일이 많았습니다. 운 좋게 동영상을 찾았더라도 그 이후 죄의식으로 밤새 잠을 설치며 괴로워할 것을 생각하면 영상을 볼 엄두가 나지 않았습니다.

그러한 이유 외에도 의식이 확장되고 성 에너지가 정화되면서 성인물을 보는 것을 일부러 꺼리게 된 점도 있습니다. 즉 시간이 지나면서 일본 AV에 나오는 내용, 장면들이 일반적인 현실과 무관하게 터무니없이 과장되고 여성 및 성에 대한 왜곡된 관념을 심어준다는 사실을 각성하게 된 것입니다.[57)]

만족감보다는 왠지 모를 마음의 불편함을 더 강하게 느끼면서 좀처럼 과거 20대 시절처럼 성인 동영상을 찾아보지 않게 되었습니다. 대신 제발 하루빨리 지병을 완치하고 경제적으로 독립해서 정상적으로 이성 교제를 해야겠다는 다짐을 하며 주어진 현실에 더 충실하고자 했습니다. 제 경우 평소에 큰 욕심도 없고 자연과 가까운 곳에 머물며 조용히 살아야겠다는 생각을 많이 해왔습니다.[58)] 또한 거창한 것은 아니더라도 타고난 재능을 사회에서 온전히 활용하며 소명을 실현해

---

57) 과거 AV를 비롯해서 TV 등 대중매체의 영향으로 여성 및 성에 대한 다소 잘못된 환상, 환영을 많이 갖고 있었습니다. 실제 현실과는 관계없는 그러한 허상, 판타지를 좇다 보니 결과적으로 그동안 제대로 연애를 못 했다는 생각도 듭니다.
58) 시골 생활의 현실을 전혀 모르기 때문에 그렇게 생각한 것은 아닙니다. 아버지의 사업 실패 후 이천 외곽의 논과 밭이 있는 산 밑 집에서 부모님과 3~4년 정도 산 적이 있습니다.

야겠다고 생각하고 있습니다. 그리고 지금까지 이렇게 마음공부를 하며 하고 싶은 일을 계속 자유롭게 할 수 있도록 지원해주신 부모님과 도움을 주셨던 주변 분들에게 보은해야 한다는 책임감도 느끼고 있습니다. 그 외에 특히 소울 메이트에 해당하는 이성 친구를 만나고 싶다는 큰 바람이 있습니다. 만약 그런 사람을 만나면 영혼 대 영혼의 관계로 순수하고 이기적이지 않은 사랑을 나눠보고 싶습니다. 궁극적으로 성을 초월하는 것과 함께 모든 이원성에서 벗어나는 것이 필요할 거라고 생각합니다.

그런데 나이가 들어가면서 육체적인 관계에 대해서도 큰 호기심이 생기지 않고 여성이나 남성이 서로 다를 것이 없다는 생각을 많이 하게 되었습니다.[59] 수행과 여러 다양한 체험을 하면서 그렇게 관점이 변한 것인데, 특히 리딩 상담을 하면서 그러한 인식을 많이 갖게 되었습니다. 그리고 여성을 좀 더 있는 그대로 보게 되면서 그동안 AV 등을 통해 생긴, 성에 대한 불필요한 환상, 집착도 상당 부분 줄어들게 되었습니다. 그러다 보니 결국 가끔 강한 성욕이 일어나면 그것 자체가 신기하고 자연스러운 자연의 섭리라는 생각이 들며 깊은 감사의 마음을 갖게 되었습니다. 내가 아닌 누군가와 이기심 없이 서로 살을

59) 언젠가부터 이성을 볼 때 여성성과 남성성, 음적인 면과 양적인 면 등을 항상 같이 보며 성별의 차이가 크게 없다는 생각을 많이 하게 되었습니다.

맞대며 합일을 이루려 욕망하고 실제로 그것이 이루어질 수 있도록 하는, 심신의 그러한 미세한 작용과 과정 하나하나가 신의 선물로서 너무나 신비롭고 감사했습니다.

또한 차크라 리딩을 해오면서 성에 대해 필요 이상 거부감을 갖고 부정적 태도를 가질 필요가 없다는 것도 명확히 확인할 수 있었습니다. 즉 차크라 리딩을 하면서 선천적으로 제2차크라가 발달하여 감각적으로 경험하고 느끼는 것을 유독 선호하는 사람들이 있다는 것을 알게 되었습니다. 그런 사람들은 일반인들보다 조금 더 관능적이고 쾌락 지향적인 면이 강할 수 있습니다. 그 대표적인 경우가 바로 일본 AV 배우들이었습니다. AV 배우들에 대한 차크라 리딩을 해보면 실제로 선천적으로 제2차크라가 발달한 경우가 많았습니다. 최정상의 위치에서 오랜 기간 활동하고 있는 유명 AV 배우들은 제6차크라 에너지를 주로 사용하며 자신의 존재의 근원과도 깊이 연결되어 있었습니다.

이렇게 AV 배우 중 제6차크라를 사용하는 사람들이 있고 또한 그들이 날 때부터 제2차크라 에너지가 발달해 있다는 사실을 통해서 성 에너지의 올바른 사용에 대한 중요한 교훈을 얻을 수 있었습니다. 그들처럼 선천적으로 가장 발달한 차크라와 관련된 직업을 갖고 그 직업과 관련된 일을 할 때 제6차크라를 주로 사용한다는 것은 자연스러운 과정이며 굉장히 긍정적인 의미라고 할 수 있습니다.

말하자면 그들의 그러한 차크라 상태는 문제없이 자신에게 맞는 고유의 길을 정확히 찾아서 온전히 개척해 나가고 있음을 알려주는 하나의 중요한 신호일 수 있습니다. 이 배우들을 통해 성을 직접적으로 다루는 일을 하더라도 진정한 자신과 하나가 되며 본인의 소명을 완수하는 것이 전혀 불가능한 일은 아님을 유추할 수 있었습니다.

그러나 여러 사람을 대상으로 다양한 리딩을 해보면 최정상의 위치에 있는 배우라 하더라도 많은 AV 배우들의 성 에너지를 담당하는 제2차크라는 닫혀 있는 경우가 더 많았습니다. 그들의 제2차크라는 건강한 상태가 아닌 경우가 대부분이었습니다. 현재 AV 내용들이 기본적으로 성을 과대 포장한 채 상품화하며 지나치게 음란하고 외설적인 면이 있는 것이 사실입니다. 또한 만화영화보다도 더 과장되고 희화화한 상황 속에서 연기가 아닌 실제 성교를 해야 합니다. 특히 일본 AV에서 동성애, 강간, 근친상간, 가학적이거나 피학적인 성교 등 반사회적 내용을 다루고 있는 것들이 많다는 것을 고려하면 이것은 당연한 결과일 것입니다.

그런데 만약 일본 AV가 성행위 장면을 포함시키더라도 정상적이고 건전한 내용을 담고 있다면 별다른 문제가 없었을 거라고 봅니다. 예를 들어 일본 AV에 에로티시즘으로 승화시킨 예술적 가치가 있는 무언가를 담는다면 배우들의 제2차크라도 심각한 문제가 있지는 않을 거라고 생각합니다. 결국 적어도 차크라 시스템을 기준으로 보면 성행위 자체는 중립적인 것이라는 판단이 듭니다.[60] 과도한 집착, 탐닉을 보이는 등 성에 대한 왜곡된 인식을 갖고 사람들이 그것을 바르게 사용하지 못하는 것에서 문제가 생기는 것입니다.

현실적으로 우리가 먼저 지향해야 하는 것은 성을 무조건 부정하고 초월하는 것이 아니라 사회가 만들어 놓은 정상적이지 못한 성 관념에서 벗어나는 것이라고 생각합니다. 성숙하면서도 건강한 성문화가 없는 현실에서 주체적 관점을 갖고 성에 대해 바르게 접근하기 힘들다는 것을 자주 느껴왔으며, 오히려 성은 자연스럽고 밝으며 아름다운 것이라 봅니다.[61] 정상적이고 바른 성의 기준이 무엇인지 누구도 선뜻 이야기하기 힘든 지금 같은 시기에 새로운 대안으로 나름의 방법을 시도해야겠다는 마음이 들기도 합니다. 그런 점에서 미셸 푸

---

60) 융은 『사랑에 대하여』에서 다음과 같이 설명하기도 했습니다. "본능의 영역에 속하는 것들이 모두 품격의 저하를 뜻하지는 않는다. 오히려 사랑이 지닌 아름다움과 진실은 본능이 함께할수록 더욱 완전해질 것이다. 단 본능이 사랑보다 우세하다면 동물적 본성이 더 강하게 드러난다."

61) 그런 생각을 특히 어머니와의 평소 대화를 통해 많이 할 수 있었습니다. 필요한 경우 어머니는 아버지와의 부부관계에 대한 구체적 내용까지 감추는 것 없이 이야기해 주셨고, 전 그것을 자연스럽게 받아들이며 참고할 수 있었습니다.

코가 말한 '자기 배려' 혹은 '자기 돌봄' 차원에서 진리와 이성(理性)을 내면화시킨 채 자기 선택하에 스스로 결정·행동하며 성을 주체적으로 가꿔가는 방식을 지향하고 있습니다.[62] 즉 성에 대한 어떠한 부분도 종교적 계율, 사회의 도덕 때문이 아니라 나 자신을 알고 진리를 내면화시킨 것을 바탕으로 존재 자체에서 자연스럽게 나올 수 있도록 하는 것이 좋겠습니다. 기본적으로 자신의 존재에 진실하며, 성에 대해서는 그저 자연스러운 흐름을 따르면 되리라고 봅니다.

자연스러운 성을 위해서는 상대방에 대한 진실한 사랑과 맑게 정화된 심신을 바탕으로 내면의 섬세한 감각을 늘 유지하는 것이 필요합니다. 그렇게 몸과 마음의 온전한 조화, 균형 속에서 깊은 사랑과 순수함이 있다면 서로 바라보거나 혹은 포옹 등 단순한 신체적 접촉만으로도 큰 희열과 만족감을 얻는 것이 가능할 것입니다. 실제로 저의 경우 워낙 민감한 체질이기도 하고,[63] 진실하게 사랑하는 사람일 경우 포옹이나 입맞춤 등을 통해서도 절정감을 체험하는 것이 그리 어렵지 않을 거라고 예상합니다. 교감하는 것을 좋아하고 또 그것에 능

---

62) 후기구조주의의 대표적 철학자인 푸코는 "주체는 해석해야 될 비밀의 베일로 둘러싸인 신비로운 대상이 아니라 부단히 창조·변형되어야 할 작품"이라고 이야기하기도 했습니다.

63) 예를 들어 저는 TV 다큐멘터리에서 번개가 치고 화산이 폭발하는 장면 등을 봐도 백회 부근에 자극, 압박감이 생기는 등 몸이 민감하게 반응하는 측면이 있습니다.

하기 때문에 그 정도만으로도 영·혼·육의 조화 속에서 깊은 일체감을 느낄 수 있으리라 봅니다.

이상적인 조건의 연인을 만나는 방법에 대하여

그동안 여러 커플에 대한 리딩 사례를 분석하면서 어떻게 해야 본인이 원하는 이상적 조건의 연인을 만날 수 있는지 알게 된 점이 있습니다.[64] 부부, 연인으로 맺어진 커플들을 리딩해 보면 비슷한 내적 조건을 갖고 있는 사람들끼리 만나고 인연이 됨을 확인할 수 있었습니다. 예를 들어 제6차크라를 '대표 차크라'로 사용하는 사람들은 주로 '대표 차크라'가 제6차크라인 사람들과 사귀며 연인, 부부가 되는 경우를 많이 볼 수 있었습니다. 하위 차크라를 '대표 차크라'로 사용하는 사람들 역시 비슷한 상태·수준에 있는 사람들끼리 만나며 교제하는 경우가 많았습니다. 그런 점에서 본인이 원하는 이성을 만나기 위해서는 기본적으로 영혼의 성숙과 내면의 완성에 관심을 갖고 자신부터 노력하는 것이 필요합니다.

예컨대 제6차크라를 '대표 차크라'로 사용하면서 자기실현의 길을 성공적으로 가고 있는 사람에게 어필하며 호감을 얻으려면 그만큼의 '그릇'이 되어야 합니다. 제6차크라를 '대표 차크라'로

64) 언론에 유명인의 열애 혹은 결혼 기사가 나오면 꼭 빠뜨리지 않고 리딩을 했습니다.

사용하는 사람들은 실재와 진실을 볼 수 있는 심안이 있고 자신에 대한 이해도 깊은 편인데, 그래서 보통 바른 것을 지향하고 자신의 신념이 강합니다.[65] 아무리 학벌, 외모, 재력 등 외적인 스펙이 좋아도 진실하지 못하고 자기 소신이 부족한 사람이라면 이런 사람에게 인정받고 사랑을 얻기가 어려울 것입니다. 이렇게 제6 차크라를 '대표 차크라'로 사용하는 사람들은 내면에 깊이 뿌리를 내리면서 개성적 능력을 온전히 사용하고 자기만의 향기를 가지며 강력한 매력을 발산하는 특징이 있습니다.

말하자면 누구에게나 사랑과 관심을 받고 누구나 탐내는 배우자감은 기본적으로 건강한 영·혼·육을 가지며 고유한 자기다움으로 사는 사람일 가능성이 큽니다. 그런 사람을 연인으로 만들려면 본인이 먼저 조화·균형을 이룬 차크라 상태 등 일정 수준의 내면의 역량을 탄탄히 갖추는 것이 필요합니다.

리딩 사례에서도 보자면, 엄청난 재력가이더라도 차크라 상태의 조화가 깨지고 강한 에고 지향적인 사람들은 돈을 목적으로

65) 이런 사람들에게 내숭, 꼼수, 가식, 위선, 허세 등은 좀처럼 통하지 않습니다. 만약 그런 거짓된 태도를 보인다면 그들은 쉽게 그것을 간파하고 부정적 반응을 보일 가능성이 큽니다.

하는 등 순수하지 못한 의도로 접근하는 이성과 교제하거나 결혼하는 경우를 흔히 볼 수 있었습니다.[66]

따라서 자신이 먼저 완성된 인간으로 존재할 수 있다면 거기에 맞는 사람들과 인연으로 이어지며 제대로 된 판단을 할 수 있는 것입니다. 이는 고도의 직관력이나 차크라의 조화로운 에너지를 위해서든 실패하지 않는 선택을 위해서든 무엇을 위해서라도 자기 수양에 게을러선 안 된다는 점을 보여 주고 있습니다.

66) 리딩을 할 때 진정으로 서로 사랑하는 커플의 경우 다른 차크라보다 제4차크라가 가장 비중 있게 감응하며 에너지적으로 강하게 교류되고 있었습니다. 반면에 비즈니스 협상 등 사랑이 아닌 다른 목적, 의도로 만나는 사람들의 경우 제4차크라 외의 다른 차크라에서 주로 반응하며 교류되는 부분이 많았습니다.

진정한 나를 만난다는 것

처음부터 계속해서 '참된 나' '참나' '진정한 자아'라는 단어가 반복해서 등장하는데, 그것은 이 책 전체가 진정한 자아를 찾아가는 과정에 대한 내용이기 때문입니다. 진짜 나, 나다운 나를 찾는 데 관심을 갖고 적극적으로 마음공부와 수련을 하게 된 계기는 앞서 설명해드렸습니다. 어린 시절부터 간절히 품었던 꿈을 접은 후의 좌절, 오랜 지병의 극심한 고통, 임사체험에서 얻은 자각 등으로 인해 저 자신에 대한 이해는 그 무엇보다 절박하고 중요한 문제였습니다. 그런데 생각해 보면 그동안 진정한 나를 확인하기 위해 노력하며 실제로는 차크라 리딩을 통해 도움을 받은 것이 적지 않았습니다.

차크라 체계만큼 종교계에서 말하는 이른바 깨달음의 순차적 과정을 정확하게 반영하는 것을 많이 접하지 못한 듯합니다. 제1차크라부터 제7차크라까지의 개화의 의미를 차례로 확인해가다 보면 자아 완성의 단계적 과정을 입체적으로 쉽게 이해할 수 있습니다. 특히 자기실현 혹은 영혼의 완성을 이룬 것으로 알려진 사람들 그리고 평범한 일반인들의 차크라의 상태를 서로 비교해 보면 참나와 하나를 이룬 경지가 어떤 것인지 구체적으로 파악할 수 있습니다. 예를 들어 라마나 마하리쉬, 지두 크리슈나무르티 등 영혼의 스승들, 사이언톨로지 등 국내외 신흥종교의 창시자들 그리고 일반인들에 대해 차크라 리딩을 해보니 공통점과 차이점도 있고, 결과가 유의미하게 나왔습니다.

그런데 리딩 결과를 확인해 보면 성인이 된 후 '성년기의 대표 차크라'로서 제6차크라를 주로 사용하는 사람들이 생각만큼 많지 않았습니다. 제7차크라 에너지를 사용하는 사람들의 경우 더더욱 심해서 일반인 중에서는 거의 만날 수 없었습니다. 제7차크라 에너지를 '성년기의 대표 차크라'로 사용하는 사람은 신흥종교의 창시자들, 일부 세계적 종교 지도자들, 고(故) 이태석 신부 같은 소수의 종

67) 그들이 제7차크라를 '성년기의 대표 차크라'로 사용한 것은 맞지만 하위 차크라에 문제가 있는 경우도 있고 일곱 개 각각의 모든 차크라가 완전히 개화한 것은 아니었습니다. 그동안 라마나 마하리쉬 같은 성자들을 제외하고는 일곱 개의 모든 차크라가 완벽하게 열린 사람을 찾기 힘들었습니다.

교인을 제외하고는 찾기 어려웠습니다.[67] 그렇게 여러 리딩 사례를 분석하는 과정에서 제6·제7차크라가 자아 완성에 대한 이해의 핵심 포인트라는 것을 깨달을 수 있었습니다.

그 후 마음공부를 계속하며 제6·제7차크라에 대해 다차원적으로 그리고 깊이 있게 파악하는 데 집중했고, 결국 자기실현을 이룬다는 것이 무엇인지 명확히 이해할 수 있었습니다. 그래서 이번에는 하위 차크라보다 주로 제6·제7차크라를 중심으로 참된 나를 찾는 것의 의미를 적어보도록 하겠습니다.

먼저 제6차크라입니다. 제6차크라를 완전히 개화했다는 것은 하위 차크라의 부정적 에너지를 대부분 정화하며 분리된 자아의식을 거의 초월했음을 의미합니다. 기본적으로 제6차크라를 각성한 것에 비례해서 에고의 분리감으로 인한 온갖 거짓, 환영들에서 벗어나 전일적 관점을 갖고 더 정확하게 진실과 실체를 볼 수 있습니다. 제6차크라를 온전히 개화했다면 완벽하지는 않지만 몸 그리고 마음과의 동일시에서 벗어나고 불이(不二)의 진실에 대한 명확한 이해가 생기며 고차원의 지성, 직관, 통찰력을 사용할 수 있습니다. 요컨대 제6차크라 에너지에 동화될수록 개아의식이 사라지면서 주관과 객관이 통합된 순수의식 상태에서 실재를 인식할 수 있게 되며 깊고 통합적인 인식을 할 수 있게 됩니다.

제6차크라를 완전히 개화하지 못했더라도 '성년기의 대표 차크라'로서 제6차크라를 주로 사용하는 사람은 보다 더 '고유한 자기'답게 존재하며 본인이 하는 일에 뛰어난 능력을 보이는 경우가 많았습니다. 그들은 마음에서 해방되고 마음의 힘을 정확히 이해한 것을 바탕으로 마음에 지배됨 없이 마음을 마음대로 사용하며, 본인이 목표하고 계획한 것을 쉽게 실현해 냈습니다. 그들의 경우 본인의 잠재된 능력을 대부분 가동해서 의식적·무의식적으로 순간순간 본인의 의도대로 원하는 현실을 큰 어려움 없이 창조해 나가고 있었습니다. 기본적으로 존재의 중심을 확고히 세운 그들은 기본적으로 어려운 조건에서도 문제없이 잘 대처해 나가고 있었습니다.

제7차크라를 온전히 개화한 경우 남아있는 개아의식을 완전히 소멸시키고 모든 정신적·감정적·육체적 대상과 탈동일시할 수 있게 되며 비로소 진정한 참나를 경험할 수 있습니다. 즉 제7차크라의 개화와 함께 자기 자신의 주인이 되어서 생각, 감정, 행동을 자유롭게 통제하며 본연의 '고유한 자기다움'을 완벽하게 누릴 수 있습니다. 말하자면 인생의 실질적 달관자로서 스스로 느끼고 스스로 생각하며 스스로 살 수 있는 자율성을 얻게 됩니다. 그 어느 것에도 걸림이 없이 세상에 홀로 당당히 우뚝 선 채 완전한 자유를 맛볼 수 있습니다. 기본적으로 제7차크라 에너지에 동화되면 이원적 관점이 해체되며 고난과 어둠이 행복과 빛만큼 중요함을 깨달을 수 있고 삶의 모든 조건을 포용할 수 있습니다.

예를 들어 제7차크라가 완전히 개화된 성자들의 경우를 보면 선과 악, 행복과 불행 등 삶의 다양성 및 이원성을 있는 그대로 인정, 수용할 수 있는 고도의 성숙성을 갖고 있었습니다.[68] 그들은 삶과 죽음 그 어느 쪽에도 집착이나 미련이 없고 생사를 완전히 초월한 경지에서 전체적인 삶을 살고 있었습니다.

바다는 어떤 곳에서 흘러들어오는 물이든 가리지 않고 모든 오물까지도 전부 받아들이고 정화해나갈 수 있습니다. 그 바다처럼 사람들이 제7차크라 에너지를 사용하면서 어떤 것이든 포용하며 또한 모든 것을 줄 수 있는 넓고 큰 마음을 갖게 되는 듯 보입니다.

리딩을 해보면 제7차크라를 온전히 개화한 사람들의 경우 이웃과의 나눔을 통한 확장과 자유 그리고 타인의 만족과 기쁨에 적극적 관심을 보였고, 현실을 변화·개혁시킬 수 있는 실질적 능력을 실제로 갖고 있었습니다. 제7차크라가 온전히 개화하면 인도주의·이상주의적 성향이 두드러지게 되는데 자연스럽게 고통으로부터 인간

---

68) 그들에게 인생의 어려움, 시련과 고난이 없는 것이 아닙니다. 다만 그러한 문제를 겪는 에고로서의 '나'가 그들에게서 사라진 것이라고 할 수 있습니다.

을 해방하는 일에 관심을 갖고 관련 활동을 할 수 있습니다. 그들의 삶은 모나지 않게 주변 현실의 흐름과 온전히 조화를 이루며, 흐르는 물처럼 큰 막힘이 없었습니다. 그들이야말로 삶의 주인으로서 진정한 자유인이라는 생각이 자연스럽게 들었습니다.[69)]

지금까지의 설명만 보자면 제7차크라를 개화하고 그 에너지에 온전히 동화하기 힘들 것이라 생각할 수도 있습니다. 사실 제7차크라의 온전한 개화를 위해서는 본인 카르마의 인력을 초월하며 몸 그리고 마음과의 동일시로 인해 생기는 집착, 탐욕, 분노, 교만 등 에고의 부정성이 조금이라도 남아있어서는 안 됩니다.[70)] 이런 차원으로 보자면 일상을 공유하며 뒤섞여 사는 일반인에게는 어려운 일일 수 있으나 아예 불가능한 과정도 아닙니다. 그렇기 때문에 차크라라고 하는 안정적인 체계를 통해 여러분을 인도하고자 하는 마음입니다.

제7차크라를 개화해서 자아중심적인 마음이 없이 '한마음'의 '텅 빈 충만함' 속에 있게 되면 모든 것에 열려 있으면서 그 어떤 것에도 물들거나 사로잡히지 않고 언제나 유연하게 적응하며 대처할 수 있

---

69) 엄밀하게 말하면 모든 이원성이 완벽하게 해체된 제7차크라 개화자들은 본인의 필요에 따라서 (앞 장의 설명처럼) 무위법과 유위법을 아우르며 자유롭게 삶의 주인도 되고 또한 종도 될 수 있습니다.

70) 제7차크라까지 모두 완전히 열어야 결국 불교 유식학에서 말하는 제8식 아뢰아식이 소멸할 수 있는 것으로 보입니다.

습니다. 말하자면 제7차크라의 개화 후에도 생각이 아예 없어지는 것이 아닙니다. 제7차크라가 개화하면 '내가 있음'의 순수의식 속에서 현존하며[71] 여여(如如)하게 생각이 있을 자리에 있으면서 제대로 사용될 수 있게 되는 것입니다.

앞서 제7차크라를 온전히 열거나 대표 차크라로 사용하는 사람이 극히 드물다고 했는데 제6차크라를 온전히 개화하여 그 에너지를 사용하는 수준도 대단한 것입니다. 제7차크라뿐만 아니라 제6차크라를 온전히 개화하기 위해서도[72] 마음을 철저히 정복하며 남아있는 에고의 부정성을 녹이는 등 자기 초월의 노력을 꾸준히 해야 하기 때문에 결코 쉬운 일이 아닙니다. 이렇게 어려운 과정을 거쳐 제6차크라를 온전히 개화하더라도 제7차크라에 비교하자면 상대적으로 자아 완성을 이루는 데는 부족한 부분이 있습니다. 리딩 사례에서 보면 제6차크라의 온전한 개화 후에도 진정한 변용을 이루지 못한 채 아직 불안정한 면이 다소 있음을 확인할 수 있었습니다.

---

71) 명상은 그렇게 '내가 있음'의 순수의식을 늘 유지하기 위해 하는 것이라고도 할 수 있습니다. 이를테면 생각을 벗어나는 것 자체가 명상일 수 있습니다. 궁극적으로 항상 언제나 순수의식 속에서 생각에서 벗어나 있으면서 삶 전체가 명상이 되어야 합니다.

72) 제6차크라를 '대표 차크라'로 사용하는 것과 제6차크라를 완벽하게 개화한 것의 의미는 다릅니다. 즉 '대표 차크라'로서 제6차크라를 사용하더라도 제6차크라 자체는 온전히 개화가 안 되어있을 수도 있습니다.

다시 말하자면 제6차크라의 완전한 개화 후에도 아직 '나'라는 개체의식에서 완벽히 벗어난 것이 아니라고 할 수 있습니다. 예를 들어 국내 영성 단체의 지도자 등 제6차크라를 완전히 연 사람이더라도 위에서 열거한 성자들과 달리 하위 차크라에 문제가 있는 경우가 있었습니다. 그들은 변화하는 외부환경에 따라 두려움, 집착을 보이는 등 때때로 정화 혹은 개발이 덜 된 하위 차크라의 문제로 인해 부정적 영향을 받기도 했습니다. 평소에는 문제가 없지만 특정한 조건에서는 여전히 본인의 탁월함을 무리하게 드러내고자 하거나 본인이 정해놓은 방식과 결과에 집착하는 등 남아있는 거짓된 에고의 습에 의해 오류를 범하는 경우가 있었습니다. 그들은 세상의 온갖 유혹으로부터 흔들리지 않고 오롯이 자신을 지킬 수 있는 역량을 완벽하게 갖고 있지 않았습니다.

제6차크라를 완전히 열었더라도 결정적 상황에서 감추어져 있었던 '나'라는 에고의 찌꺼기가 드러나며 발목을 잡을 수 있음을 봅니다. 제6차크라의 그러한 한계를 극복하기 위해서는 결국 본인이 해결하지 못한 탐욕, 집착 등 뿌리 깊이 박힌 모든 에고적 성향에서 완전히 자유로워져야 함을 알 수 있습니다.[73]

제6차크라의 한계에 대해 조금 더 설명해보자면, 제6차크라의 온전한 개화 후 마음의 실체와 자신에 대한 이해가 깊어지며 본인 스스로 이른바 해탈의 경지에 도달했다고 느낄 수도 있습니다. 실제로 이 단계에서도 본성과의 합일에 근접해 있기 때문에 이른바 깨달음에 대한 모든 것을 개념적으로는 완벽하게 파악하는 것이 가능합니다.[74] 이 존재계가 어떤 질서에 기초하고 있고 무엇을 향해가고 있는지에 대해서도 정확한 인식이 생길 수 있습니다. 그러나 이 수준에서는 본인의 그 초월적 깨침과 앎을 본인 삶과 온전히 백 퍼센트 통합시키지 못합니다. 자기중심성을 완전히 극복하지 못했기 때문에 생각(지혜), 감정(사랑), 행동(힘) 사이에 갈등이 생길 수 있는 여지가 있고 본인의 각성 내용을 현실에 온전히 적용하는 데 제한이 있을 수도 있습니다. 즉 에고의 영향으로 생각, 감정, 행동의 세 측면에서 모두 온전히 조화·균형을 이루지 못하면서 본인의 의지나 생각을 현실에서 제대로 구현하고 구체적 열매를 맺게 하는 데 어려움을 겪을 수 있습니다.

결론적으로 정리하자면 제7차크라를 완전히 개화해야 본연의 '고유한 자기다움'을 나타내며 에고의 부정적 영향을 더 이상 받지 않

---

73) 차크라 체계를 기준으로 보면 종교적 깨달음에 있어서도, 단박에 깨쳐서 더 이상 수행할 경지가 없는 돈오돈수(頓悟頓修)보다는 점진적인 수행을 거쳐 깨달음의 경지에 이르는 돈오점수(頓悟漸修)가 조금 더 합당하다고 할 수 있습니다.

74) 제6차크라를 온전히 개화하면 애초부터 진정한 '나'의 상태가 아니었던 적이 한 번도 없었다는 것을 정확히 각성할 수 있습니다. 즉 제6차크라가 개화하면서 참나와의 합일을 위해 어딘가에 도달하거나 혹은 무언가를 얻으려는 모든 시도를 포기하고 현존해야 함을 '개념적으로' 정확히 파악하게 됩니다.

고 본인의 깨침을 삶에 자유롭게 적용·실천해나갈 수 있습니다. 그때 비로소 자신의 마지막 한계까지 모두 극복해서 '너'와 '나'가 따로 없는 우주적인 조화 상태 속에서 주위 환경, 사람들에 따라 매 순간 적절히 감응하고 화합하며 무위적 삶을 살 수 있습니다. 말하자면 제7차크라의 개화 후에야 진정한 '자기다움'을 찾고 온 세상을 모두 포용한 채 삶의 온갖 고난과 역경의 파도에 맞서 내면의 중심을 지키며 끝까지 파도타기를 할 수 있는 경지가 펼쳐지게 된다고 할 수 있습니다. 이른바 산은 산이고 물은 물로 보이는 단계에 도달해서 현상과 본질이 동일함을 자각하며 순간순간 주어진 상황 그 자체가 되어 온전히 살 수 있게 됩니다.

켄 윌버가 설명하는 비이원적 의식의 상태

제7차크라가 온전히 개화한 경지에 대한 이야기입니다. 사실 언어, 논리, 상징을 초월해 이원성이 사라진 의식의 단계에 대해 제대로 설명하기 어려운 점이 있습니다. 그런데 과거 자아초월 심리학의 대가, 켄 윌버가 쓴 『켄 윌버의 일기』를 읽다가 비이원적 의식의 상태에 대한 설명이 잘 되어있어서 제 노트에 따로 적어 놓은 적이 있습니다. 이 내용이 제7차크라의 온전한 개화 이후 모든 이원적 대립에서 벗어난 상태를 명확히 묘사하고 있는데, 아래는 그 내용의 일부입니다.

- 더 이상 삶을 붙잡거나 피하려 하지 않는다.
- 삶이라는 영화는 더욱 생생하고 활기차게 된다.
- 더 심하게 울고 더 크게 웃는다. 무선택적 각성은 느끼는 것을 그만둔다는 의미가 아니다. 완전하게 느끼고 깊이 느끼며 무한함 그 자체에 이를 때까지 느낀다는 의미다.
- 진짜가 아니라는 것을 안다는 바로 그 이유 때문에 꿈이라는 것을 깨닫게 되면 즐길 수 있는 여유가 생긴다.

- 죽는 것이 더 이상 두렵지 않고, 그러므로 사는 것이 두렵지 않게 된다.

- 삶은 그 참된 열렬함과 생생한 광채로 근본적인 활기를 나타낸다. 고통은 더 고통스럽고 행복은 더 행복하다.

- 거울 같은 마음, 움켜잡거나 피하지 않고 그저 놀이를 주시하며 바라보면서도 직접 유희를 즐길 여유가 있는, 그 마음에 모든 것이 환하게 살아서 다가온다.

한계 : 제4·제5차크라

오쇼 라즈니쉬, 지두 크리슈나무르티, 라마나 마하리쉬 같은, 많은 사람으로부터 존경을 받는 현자, 성자들의 경우 차크라 리딩을 하면 공통점이 나옵니다. 그 공통점 중 하나로서 이들은 모두 동일하게 완벽히 개화된 제7차크라를 갖고 있습니다. 이렇게 마지막 제7차크라가 완전한 상태라는 것은 나머지 여섯 개 각각의 차크라 역시 모두 어떤 문제 없이 온전히 개화되었다는 의미이기도 합니다.

일곱 개의 전 차크라를 완전히 개화시킨 만큼 이들은 본인의 잠재된 고유의 능력을 남김없이 불태워 사용하며 주어진 삶의 과제를 모두 완수했다고 할 수 있습니다. 그렇게 전 차크라를 개화시킨 성자들은 참나와 하나가 되어 지혜(생각), 사랑(감정), 힘(행동)이 삼위일체의 균형을 이루며 성공적으로 자신의 소명을 완수한 경우라고 할 수 있습니다.[75] 즉 성자들은 영·혼·육의 통합을 이루는 것과 함께 본연의 나를 회복하며 혼자 힘으로 두 발로 서서 결국 자기 자신의 주인이 되는 자재(自在)한 삶을 산 것입니다.[76] 달리 말하면 이들은 스스로 모든 것을 책임지고 자신이 직접 삶의 선택권을 행사하며 인생을 전체적 혹은 주체적으로 살았다고 할 수 있습니다.

그런데 제4·제5차크라를 '성년기의 대표 차크라'로 사용하며 이 에너지에 동화된 사람들도 성자들처럼 자아 완성의 필요성을 느끼고 그 상태를 나름 지향해 가고 있다고 할 수 있습니다. 이미 제4차크라가 개발되면서부터 기계적·조건반사적인 삶에서 벗어나 참나에 대한 깨어남이 시작되는 것이 사실입니다.

그리고 제5차크라를 '대표 차크라'로 사용한다면 외부 현실이 마음의 표현임을 이해하며 의식의 확장을 향한 대단한 관심과 욕망을 가질 수 있습니다. 실제로 이 수준에서 자기 통제력이 강해지고 심신이 어느 정도 조화를 이루게 되고 균형도 잡히면서 영적인 측면에

75) C.G.융은 사고, 감정, 감각, 직관의 네 가지 기능이 균형을 이룰 때 영혼은 전체가 된다고 설명했습니다.
76) 실제로 일곱 개의 모든 차크라를 완벽히 개화한 사람들에 대해 리딩을 해서 그림을 그리면 공통적으로 한자 '주인 주(主)'와 비슷한 기하학적 상징 문양이 나왔습니다.

서 또한 상당한 깊이를 갖출 수 있습니다.

예를 들어 '성년기의 대표 차크라'가 제5차크라인 사람들은 하위 차크라를 어느 정도 정화한 상태에서 신성과의 연결이 깊어지며 어떤 분야에서 무슨 일을 하더라도 최소한 '기본'은 할 수 있게 됩니다. 그러나 성자들이 '혁명가'라면 이렇게 제4·제5차크라의 단계에 있는 사람들은 아쉽게도 '몽상가'에 더 가깝다고 할 수 있습니다. 즉 그들이 진정한 자기실현을 이루는 데는 적지 않은 제약과 한계가 있을 수 있습니다. 물질과 의식의 차원을 둘 다 오롯이 제어·지배하며 본인이 체득한 깨달음을 직접 현실에서 자유롭게 실현할 수 있는 현자들에 비교하면 이들에게는 아직 부족한 부분이 많습니다.

달리 말하면 제4·제5차크라를 '성년기의 대표 차크라'로 사용하는 사람들은 현자들처럼 숲을 보는 눈(제6차크라의 에너지)과 뜨거운 심장(제4차크라의 에너지) 그리고 불도저 같은 뱃심(제2차크라의 에너지) 이 세 가지 차원을 두루 갖추고 있다고 보기 어렵습니다. 폭풍우가 몰아치는 듯한 삶의 온갖 도전에 자기 힘으로 당당히 맞서려면 영, 혼, 육을 모두 온전히 통합하며 사용할 수 있어야 하지만 그들은 그러기에는 뭔가 부족한 부분이 있습니다. 예를 들어 자신의 자리에 머물면서 진리를 실천해야 한다고 구호를 외치는 것은 무의미할 텐데, 그들이 그런 경우에 해당한다고 할 수 있습니다.[77] 그들은 지구를 살리기 위한 환경운동을 하는 등 나름의 진정성을 가지고 진실하며 간절한 마음으로 본인의 영적 각성의 내용을 현실 속에서 직접 구현하고자 할 수도 있습니다. 그러나 그들은 그것을 삶의 구체적인 현실적 정황 속에 적용할 수 있는 명확한 통찰력, 지혜, 아이디어, 계획, 비전(제6·제7차크라의 에너지) 그리고 강한 집중력, 의지력, 추진력(제1·제2·제3차크라의 에너지) 등을 모두 균형 있게 두루 갖추고 있지 않습니다. 요컨대 제4·제5차크라를 주로 사용하는 사람들은 고차원의 지성(제6·제7차크라의 에너지) 혹은 실행력(제1·제2·제3차크라의 에너지)이 떨어지고 결국 현실에 실질적 영향력을 발휘하기 어려울 수 있습니다.

조금 더 구체적으로 설명해보자면 그렇게 제4·제5차크라를 '성년기의 대표 차크라'로 사용하는 경우 제6·제7차크라의 개화가 덜 되어 있기 때문에 현실의 문제를 정확히 직시하며 해결책을 제시할 통찰력이 부족할 수 있습니다. 실질적으로 본인이 현재 어떤 사회 현실 속에서 살고 있는지 모른다면 진리 혹은 진실을 실천할 수 없습니다. 진실의 실행은 '지금, 여기'의 구체적 삶 즉 본인이 속한 사회와의 관계에 대한 이해를 통해 담보될 수 있는 것입니다. 그런데 제

---

77) 자신을 객관적으로 보지 못하고 무조건 현실을 초월해서 이상을 잡으려 하는 일부 영성·종교계 사람들이 여기 해당하는 경우가 많았습니다.

4·제5차크라 에너지를 주로 사용하는 사람들은 현실을 정확히 직시하며 세상을 꿰뚫어 간파하는 실질적 지혜가 부족할 수 있습니다.

따라서 그들은 눈앞의 '지금, 여기' 나의 삶과 이어주는 정확하고 구체적인 길을 제시하는 데 역부족일 수 있습니다. 설사 그러한 심안이 있다고 하더라도 그들은 제1·제2·제3 하위 차크라에 문제가 있어서 본인이 의도하는 것에 대해 패기 혹은 뚝심을 갖고 적극적으로 실행해나가는 데 한계가 있을 수 있습니다.

리딩 사례에서 보면 제4차크라를 '성년기의 대표 차크라'로 사용하더라도 이렇게 나머지 차크라를 개화하고 다른 차크라들과 균형을 이루지 못했을 경우 제한적인 면을 뚜렷이 갖고 있었습니다. 그런 사람들은 마음을 촉촉하게 적셔주는 대단한 연민, 사랑의 에너지를 내재하고 있었지만, 그것을 가까운 주변 사람들의 경계에서 벗어나 폭넓고 자유롭게 사용하지는 못했습니다. 그들이 대상을 보호하고 보살펴 주려는 성향도 강하고 따뜻하며 열린 마음을 갖고 있는 것은 맞습니다.[78] 그러나 그들은 인도주의 혹은 이상주의자로서 나

78) 만약 다른 차크라들과 균형을 잃고 제4차크라 에너지만 사용할 경우 그저 착하기만 하고 실질적으로 아무것도 할 줄 모르는 사람이 될 수도 있습니다. 참고로 켄 윌버는 다음과 같이 설명하기도 했습니다. "참된 연민은 지혜를 포함하는 것이고, 따라서 배려와 관심의 판단을 내린다."

름의 비전과 통찰을 갖고 그 사랑의 마음을 박애, 자비의 차원으로까지 폭넓게 발전시키거나 승화시키지는 못하고 있었습니다. 그들은 보통 친구, 가족 등 가까운 지인 외의 사람들에게는 적극적으로 봉사 혹은 희생하려는 의지, 열정, 실천력이 부족했습니다.

성자들과 다르게 차크라를 부분적으로 개화하고 제한적으로 본인의 능력을 사용하는 경우의 한계에 대해 설명해보았습니다. 결국 성자들처럼 삶의 과업을 온전히 달성하고 자아 완성을 하기 위해 모든 차크라를 완벽하게 개화시키는 것이 궁극적으로 필요하다고 할 수 있습니다.

왜곡된 형태의 제4차크라

제4차크라는 전적으로 '사랑'을 보여줍니다. 제3차크라까지 '자기'가 중심이고 자신을 위한 에너지를 쓰는 것이 주된 형태였다면, 제4차크라부터는 개인성에서 한발 더 나아간 이타성이 더해집니다. 사랑과 공감, 사회적으로 확장된 힘을 쓸 수 있는 센터입니다. 자신을 사랑하는 것처럼 나 아닌 다른 대상을 사랑한다는 것은 나와 그 대상이 둘이 아니라는 자각을 내포하고 있습니다.

예를 들어, 동물을 사랑하는 사람이 있다면 그의 마음은 나의 개인적 이익과 무관하게 보일 수 있는 그 대상과 온전히 하나로 존재하는 것입니다. 동물의 고통을 보며 내가 겪는 것과 똑같이 느끼고 그 고통을 제거해 주고 싶은 욕망을 갖게 됩니다. 그들은 자신의 상황이 다소 힘겨워지더라도 그 순수한 욕망을 위해 노력을 다합니다. 지장보살이 중생을 구원하기 위해 몸소 지옥까지 들어가는 자비로운 마음을 내었듯이, 나 아닌 다른 이를 사랑하는 것이나 사회적 인간관계보다 더 멀리 있어 보이는 동물을 사랑한다는 것은 그 자체로 세상의 거대한 움직임 안에 너와 내가 '다름' 없이 공존하고 있다는 자각이 아니고서는 힘든 일입니다.

그러나 제4차크라의 사랑이, 다른 차크라와의 부조화 속에 있다면 왜곡된 형태로 나타날 수 있습니다. 차크라 자체에는 아무 문제 없지만 한 센터의 에너지에 너무 몰입할 경우 전체 차크라의 조화가 깨져 결국 사랑도 궁극의 사랑이 아닌 변질된 양상을 보인다는 것입니다. 인간에 의해 착취당하거나 고통받는 동물을 보게 되면 인간에 대한 혐오감이 생길 수도 있겠지만, 결국 그것이 나와 동물이 다르지 않다는 이타성에서 출발한 사랑이라 할지라도 내가 좋아하는 것과 싫어하는 것을 엄격하게 분리하고 증오하게 됨으로써 차크라 차원에서는 동물을 혐오하는 것과 다르지 않은 결과를 보여 주게 됩니다.

그러나 동물에게 고통을 주기 때문에 인간을 배타적으로 보는 것, 동물에 대한 사랑을 과도하게 표방함으로써 애니멀 호더가 되는 것, 동물을 사랑하는 마음으로 시작한 어떤 활동에 개인적 이익이 작용하게 되는 것 등이 제4차크라가 다소 왜곡된 형태로 나타난 것이라 볼 수 있습니다. 동물에 대한 사랑이 커진다는 것이 모든 생명을 내 가슴에 하나로 아우르는 힘으로 작용한다면 가장 이상적일 것입니다.

영혼의 스승들 : 제6·제7차크라

제6·제7차크라의 개화를 위해서는 나머지 하위 차크라의 경우와 다른 차원의 접근방식이 필요합니다. 보통 수련과 마음공부를 하는 등 본인이 '애쓰고' '노력'을 하면 제5차크라까지 개화시키는 것이 가능합니다. 그러나 제6·제7차크라는 '애쓰고' '노력'한다고 해서 쉽게 개화되지 않습니다.

사실 우리는 이미 완전한 존재로서 참나와의 합일 속에 있고 그 자체로 언제나 부족함이 없는 온전한 상태 속에 있다고 할 수 있습니다. 그래서 제6·제7차크라를 개화하고 진정한 자아를 찾기 위해 일부러 '애쓰고' '노력'하는 방식으로 접근하는 데는 한계가 있습니다. 엄밀하게 말해서 '애쓰고' '노력'한다면 그것조차 참나와 이미 하나가 된 완벽한 조건에 대한 에고의 미묘한 저항이 될 수 있는 것입니다. 그렇게 참나와의 합일을 일부러 추진하는 것은 현재 이미 참나와 하나가 되어서 온전함에 있지 못하다는 틀에 스스로 가두어 버리는 꼴이 될 수 있습니다.

인위적으로 하는 모든 노력에는 항상 '나'라는 에고가 개입됩니다. 그렇다고 마음공부나 수련을 포기하고 '애쓰고' '노력'할 필요가 없다는 의미는 아닙니다. 아직 성자의 경지에 있지 않은 대부분의 사람은 이미 '참나의 온전함' 속에 있음을 아직 이해조차 못 하고 있는 경우가 많기 때문에 현실적으로 그들은 마음공부를 하는 등 '애씀'과 '노력'을 따로 해 나가야 합니다.[79] 그렇게 별도의 '애씀'과 '노력'을 추가로 해야 에고로 인해 '참나의 온전함'을 망각한 채 그것을 누리지 못하고 있음을 스스로 오롯이 깨칠 수 있습니다.

제6·제7차크라를 개화시키기 위해서 저의 경우 참나 혹은 절대의 근원을 신뢰하며 '내맡김(Let it go)', '놓아버림' 혹은 '자기 순복(self-surrender)'을 하는 방법을 사용해왔습니다. 이 방식은 레스터 레븐

79) 실질적으로 우리가 해야 할 일은 참나와의 합일이 아니라 그 합일에 대한 저항을 제거해 나가는 것이라 할 수 있습니다. 그런 점에서 모든 수행의 목적은 참나를 실현하는 데 장애가 되는 것을 없애고 이미 내재된 본성을 드러나도록 돕는 데 있다고 할 수 있습니다.

슨, 라마나 마하리쉬[80], 대행 스님 등 많은 현자가 강조한 내용으로서, 어떠한 것이라도 근원의 힘에 '내맡김'을 한 채, 일어나야 하는 일이 일어나도록 허용하며 삶이 스스로 살아가도록 하는 것을 말합니다.

'내맡김'을 하며 싫어하는 것뿐만 아니라 좋아하는 것까지 일체 모두를 완벽하게 내려놓고 수용적일 수 있다면 사실상 어떠한 에고도 존재할 수 없습니다.[81] 그런 점에서 제7차크라를 온전히 열기 위해 '참나의 온전함'에 대한 신뢰 속에서 기쁨과 슬픔 등 양극단의 현실을 있는 그대로 긍정하고 수용하며 주어진 현실의 삶에 충실한 것이 적합한 방법일 수 있습니다. 그렇게 '내맡김' 속에서 무방법의 방법으로 삶을 사는 것 그 자체가 수행이 되어서 제6·제7차크라 에너지에 동화될 수 있는 기회는 누구에게나 찾아옵니다.

즉 행복과 불행 등 양극단의 상황을 모두 체험하는 과정에서 있는 그대로 완성되어 있는 존재계의 질서와 본성의 완전함을 인정하게 될 수 있습니다. 예를 들면 어떻게 해도 손을 쓸 수 없는 장벽에 막

---

80) 라마나 마하리쉬는 진아와의 합일을 위해 '나는 누구인가'의 자기 탐구법 외에 '자기 순복'의 방식도 권했던 것으로 알고 있습니다.

81) 일체가 둘이 아니고 내가 나를 찾을 수 없기 때문에 참나와 합일하려면 그렇게 그냥 내맡기고 놓아버려야 합니다.

혀 있거나 혹은 최선을 다했는데도 해결하지 못하는 한계 상황에 있을 때 사람들은 수용의 깊은 골짜기가 되면서 '참나의 온전함'을 자각할 수 있습니다. 막다른 골목에 처해 모든 노력을 다한 후 에고의 저항이 소용없음을 깨닫고 근원의 힘에 '내맡김' 하며 옳고 그름 등의 이원적 대립을 초월하면서 제6·제7차크라를 각성할 수 있습니다. 그렇게 극한의 조건에서 에고의 모든 통제와 지배가 더 이상 소용없음을 깨닫고 눈앞의 현실을 수용하며 둥글게 되면서 자기 초월의 체험을 할 수 있습니다.

그러한 영적 변용은 보통 천재지변, 깊은 상실감 등 죽음과 같은 극단의 상황 속에서 고통을 감수하고 극복하는 과정에서 자신에 대한 이해가 깊어지면서 얻어지기도 합니다. 누구든지 인생의 비바람을 맞아가면서 시기심, 분노 등 에고의 부정적 습이 떨어져 나가고 '불이(不二)'의 진실을 체득하며 존재의 중심과 연결될 수 있는 것입니다. 말하자면 모두가 결국에는 삶이 가르치는 교훈을 따르며 그냥 삶과 함께 흐르면서 살아가게 된다고 할 수 있습니다.

모든 사람이 나날의 일상을 살아가면서 자신과 식구들을 건사하고 의식주를 해결하며 노력하는 과정에서 분리된 자아조차 산산이 부서지면서 있는 그대로의 완전함과 원만함을 체험할 수 있습니다. 거친 삶의 시장 바닥에서 온갖 아픔을 체험하며 채찍을 맞고 눈물도 흘려보면서 불교에서의 삼독(三毒) 즉 탐욕, 성냄, 어리석음이 녹으며 진흙 속에서 연꽃이 피듯이 '저절로' 진정한 자신을 만날 수 있는 것입니다.[82] 그렇게 궁극의 한계 조건에서 할 수 있는 모든 노력을 다하며, 살아있으면서도 철저하게 죽어보는 경험을 제대로 온전히 승화시킨다면 영·혼·육의 균형과 함께[83] 참나와 하나가 될 수 있습니다. 실제로 저의 경우 어려운 환경을 통과해가는 동안 의식을 확장하며 진정한 나의 존재를 각성할 기회를 수차례 얻을 수 있었습니다.

당시 마음공부를 한 것을 바탕으로 현존 속에서 '내가 있음'의 순수의식을 늘 유지하고 본성에 '내맡김' 한 채 모든 이기적 마음을 내려놓고 주어진 조건에 저항함 없이 수용하려 했습니다. 마음공부 및 수행 외에도 그렇게 눈앞의 시련에 책임지며 삶의 딜레마를 품어 안는 과정에서 남아있는 에고를 씻어버리고 이미 갖춰져 있는 '참나의 온전함'을 깊이 자각할 수 있었습니다.

결국 제6·제7차크라를 각성하기 위해서는 '있는 그대로 여여(如如)

---

82) 시련은 궁극적으로 그 원인이 외부에 있지 않습니다. 파괴적이고 유익하지 않은 잠재의식적 성향의 극복 등 자신이 해야 할 일을 하지 않음으로 인해 전체와의 조화·균형 회복 차원에서 일어나야 할 일이 저절로 일어나는 것이라고 할 수 있습니다.

83) 즉 지혜, 감정, 의지의 차원에서 모두 확장의 기회를 얻을 수 있습니다.

한' 근원의 질서에 '내맡김'을 한 채 에고의 저항 없이 모든 일이 저절로 일어나도록 허용할 수 있어야 합니다.[84] 말하자면 에고의 통제·지배하려는 의도 없이 그 자체 법칙으로 공정하고 조화롭게 작용하고 있는 삶의 흐름에 따르는 것이 중요합니다.

그런데 '내맡김' 해야 한다고 해서 무조건 외부 현실에 수용적이어야 하고 어떠한 대책도 없이 아무것도 하지 말아야 한다는 뜻은 아닙니다. 제대로 '내맡김'을 하려면 마음의 중심이 먼저 세워져 있어야 합니다. 자신의 삶에 책임질 수 있는 내면의 자격을 기초 바탕으로 갖추고 나서야 '내맡김' 하며 근원의 힘에 의해 본인 스스로 사용되도록 허락할 수 있는 것입니다.

달리 말하면 특정 상황에 '내맡김' 한다는 것은 자아의식을 갖추고 있으면서 참나를 신뢰하며 에고의 분리감과 결핍감에서 비롯된 감정, 생각 등을 내려놓은 채 대응하는 것이라고 할 수 있습니다. 즉 에고를 스스로 통제 및 조절할 수 있는 힘을 기본적으로 마련한 후에야 의식적인 자각 속에서 집착 등 자아중심성에서 비롯된 것들을 내려놓고 '내맡김' 할 수 있습니다. 에고를 갖고 있지도 않으면서 에

---

84) 라마나 마하리쉬는 "자신이 원하든 원하지 않든 일어날 일은 일어나고 일어나지 않을 일은 일어나지 않는다"라고 이야기하기도 했습니다.

고를 잃고 초월할 수는 없습니다.

만약 그러한 자격요건을 먼저 갖추지 못한 상태에서 무조건 '내맡김'을 한다면 실질적으로 아무것도 할 줄 모르는 그저 착하기만 한 사람 혹은 백치, 바보라는 소리를 듣게 될지도 모릅니다. 에고적 삶을 경험하면서 수고와 노력을 하며 자신과 세상에 대한 이해와 통제력을 기초적으로 갖고 있어야 의식적으로 힘을 뺀 채 온전히 '내맡김'을 할 수 있는 것입니다.[85] 그러한 체험 속에서의 체득된 각성을 배경으로 현존하며 에고의 에너지를 '내맡김'을 한다면 늘 지금 여기의 실제적인 상황에 따라 현명하게 반응할 수 있습니다.

요약하자면, 자아를 형성하고 또 그 한계를 벗어나는 과정을 거쳐야만 비로소 깊은 밀도를 가지며 삶에 통달하면서 제6·제7차크라를 개화한 성자들처럼 된다고 할 수 있습니다. 즉 자신을 이해하고 또 자신의 한계를 초월한 것이 바탕이 되어야 참된 지혜와 연민 그리고 실천력이 생기면서 삶의 모든 조건을 수용하며 또한 각각의 구체적 조건에 지혜 있게 대응할 수 있습니다.[86]

85) 제1차크라에서 제6차크라 단계에서 그러한 과정을 거치게 됩니다.

결국 우리가 존경하는 성자들은 남들이 도저히 받아들이지 못하는 것들도 무리 없이 소화해내며 또한 문제없이 대처할 수 있을 정도의 내면의 힘을 공통적으로 갖고 있다고 봐도 될 것입니다. 성자들의 그러한 탁월함은 삶을 살아가면서 자신에 대해 온전히 이해하고 또 자신을 초극하며 체득한 자각을 바탕으로 영, 혼, 육이 아름다운 조화를 이루면서 나오는 것입니다. 결국 성자들은 영고성쇠(榮枯盛衰)의 삶의 부침의 과정을 모두 겪는 과정에서 가장 전체적이고 통합된 인간으로서 성장하며 통찰과 자비 그리고 추진력을 모두 갖춘 경우라고 할 수 있습니다.

---

86) 켄 윌버는 『켄 윌버의 일기』에서 다음과 같이 설명했습니다. "에고를 초월한다는 것은 에고를 더 깊은 상위의 포섭 속에 초월하지만 내포한다는 것을 의미합니다.", "이는 소아를 제거해버리는 것이 아니라 오히려 그것을 전적으로 수용하고 활기차게 소아로 살며 보다 상위의 진리를 소통하는 데 필요한 수레로 그것을 사용한다는 것을 의미합니다. 신체와 감정 그리고 마음을 포함하지, 그것들을 지워버리는 것이 아닙니다."

성자들이 이야기하는 수행 혹은 수양의 필요성

앞선 설명에서 우리는 언제나 '참나의 온전함' 속에 있다고 했는데 그렇게 늘 있는 그대로 존재의 완전함 속에 있다고 해서 아무것도 하지 않아도 된다는 의미는 아닙니다. 수행을 거치지 않고는 실질적으로 본인이 본래 늘 절대의 무한한 존재로서 한계가 지워진 몸과 마음이 아님을 자각하고 그 상존하는 '참나의 온전함'에 '내맡김' 하기가 힘듭니다. 결국 아직 일정 수준에 도달하지 못했다면 '참나의 온전함'이 이미 내재되어 있다는 것을 이해하고 그것이 드러나도록 하기 위해 먼저 마음공부와 자기 수양을 별도로, 일부러, 충분히 해 나가야 합니다.[87] 아래는 그러한 맥락에서 라마나 마하리쉬와 그의 직제자인 안나말라이 스와미 그리고 니사르 가닷따 마하라지가 설명한 내용 중 일부입니다.

"애씀 없고 선택 없는 자각은 우리의 진정한 상태입니다. 그러나 의도적인 명상의 노력 없이는 거기에 도달할 수 없습니다. 오

87) 이 내용은 특히 불교에서 말하는, 법공(法空)은 성취했지만 아공(我空)은 아직 달성하지 못한 사람들이 참고하면 좋겠습니다. 그동안 본인이 깨달았음을 주장하는 사람들 중에서 제6차크라만 개화된 채 아공을 도외시하고 법공만을 추구하며 공병(空病)에 빠져 있는 사람들을 적지 않게 봐왔습니다.

랜 원습들은 모두 마음 밖으로 데려나가서 외부의 대상들로 향하게 합니다. 그런 모든 생각을 포기하고 마음을 안으로 돌려야 하는데 그러자면 대부분의 사람들에게는 노력이 필요합니다."

-『바가반과 함께한 나날』中에서

"우리가 지각하는 모든 것은 마야 곧 하나의 실재하지 않은 꿈이지만 그렇다고 해서 '모든 것이 실재하지 않으니까' 나는 내 좋을 대로 행동해도 된다고 생각해서는 안 됩니다. 꿈속에서 저지르는 나쁜 행위에 대해서는 꿈속의 과보가 있고 그대가 아직 그 꿈을 현실로 인식하는 한 그대의 나쁜 행위로 인한 과보를 받게 될 것입니다. 어떤 악도 저지르지 말고 누구도 미워하지 말아야 합니다."

-『마음은 없다』中에서

"수행과 지혜 간에는 아무런 인과적 연관도 있을 수 없습니다. 그러나 지혜의 장애들은 수행에 의해 깊이 영향을 받습니다. (지혜의 장애들은) 우리를 그릇된 행위로 이끌어 심신의 낭비와 약화를 야기하는 그릇된 관념과 욕망들입니다. 거짓을 발견하여 내버리는 작업은 실재가 마음 안으로 들어가는 것을 막는 것들을 제거해 줍니다."

-『아이 앰 댓』中에서

3장

'자기다움', 궁극의 직관력을 말하다

성공한 사람들의 비밀을 풀다

리딩 사례를 보면 정·재계, 문화예술계 등 사회 각 분야에서 성공한 리더들은 공통적으로 일곱 개의 차크라 중에서 제6차크라를 가장 많이 사용하고 있었습니다. 즉 그들의 '성년기의 대표 차크라'는 모두 제6차크라였습니다.

더 폭넓게 리딩을 해보면 사회적으로 높은 명성과 지위를 얻고 성공한 사람들만 제6차크라를 '대표 차크라'로 사용하고 있는 것은 아니었습니다. 시골의 농부, 평범한 전업주부 등 분야를 막론하고 혼과 열정을 바쳐서 자신에게 내재된 고유의 능력을 온전히 개발하고 소신에 따라 자기 길을 묵묵히 가는 사람들도 모두 제6차크라를 '대표 차크라'로 사용하고 있었습니다.[88] 말하자면 자신이 잘할 수 있고 좋아하는 일에 빠져서 성실하게 땀 흘려 일하는 사람들, 본인의 소명의 길을 성공적으로 가고 있는 사람들은 누구나 제6차크라 에너지를 주로 사용했습니다.[89] 이들은 모두 선천적으로 갖고 있는 각자의 고유한 '유아기의 대표 차크라'와 관계없이 본인의 전성기에는 '성년기의 대표 차크라'로 제6차크라를 사용하고 있었습니다.

이들처럼 성인이 되었을 때 '대표 차크라'로 제6차크라를 사용한다는 것은 타고난 자신만의 소질과 재능을 꽃피우며 본연의 자신의 모습에 매우 가깝게 도달했다는 것을 의미합니다. 그동안 차크라 리딩한 결과를 분석할 때 이렇게 참나와 하나가 되면서 본연의 '고유한 자기다움'을 실현하며 소명을 무난히 달성한 사람들의 차크라 상태를 기준으로 해왔습니다.

차크라 리딩을 계속해오면서 제6차크라 에너지에 동화되며 본연의 자기답게 된 사람들은 모두 공통점이 있음을 확인할 수 있었습니다. 즉 제6차크라를 '대표 차크라'로 사용하며 '고유한 자기다움'을

---

88) 각종 TV 오디션 프로그램의 우승자들도 공통적으로 제6차크라를 '성년기의 대표 차크라'로 사용하고 있었습니다. 그들은 제6차크라 에너지를 주로 사용하며 자신의 본성과 깊이 연결된 채 잠재된 소질을 모두 온전히 펼쳐내고 있었습니다.

89) 제6차크라를 동일하게 '대표 차크라'로 사용하는 사람들이더라도 제6차크라의 발달 정도는 각각 달랐습니다.

찾은 사람들은 자신에 대한 명확한 이해와 함께 본인만의 가치관, 주체적 안목, 삶의 리듬을 가지고 있다고 말할 수 있습니다. 그들은 모두 자신의 존재를 있는 그대로 받아들이고 독자성을 표현하며 본인이 하는 일을 즐기면서 살고 있었습니다. 이들에게서는 모두 건강한 영혼이 내뿜는 힘이 느껴졌고, 이렇게 상위 차크라 에너지를 사용하며 영적인 근원에 닿아 스스로 자신만의 색깔과 빛을 발견한 사람들은 어떤 면에서는 성자들과 비슷한 점도 있습니다. 이들은 모두 홀로 당당히 일어서서 자기 자신의 주인이 되는 삶을 살려고 노력하고 있었습니다.

말하자면 '대표 차크라'로 제6차크라를 사용하는 사람들은 성자와 같이 완벽하지는 않더라도 '이성(지혜)' '감성(사랑)' '의지(힘)'의 세 가지 차원을 모두 균형 있게 통제하며 사용할 수 있는 역량이 있다고 할 수 있습니다.

이 세 차원을 차례대로 살펴보면 먼저 '이성'적 측면에 있어 제6차크라를 '성년기의 대표 차크라'로 사용하는 사람들은 다음과 같은 강점이 있습니다.

이들은 비교적 마음과의 동일시에서 벗어나 통합적이고 유연한 사고방식을 갖고 있으며 좋고 나쁘다는 이원적 관념이 그다지 없는 편입니다. 따라서 선입견, 고정관념이 없이 실재에 초점을 맞추며, 있는 사실을 사실대로 여실하게 인식하고 실체를 정확하게 볼 수 있습니다. 즉 높은 분별력과 지성으로 사물들의 실상과 상황의 진실을 간파하며 정확한 선택·판단·결정을 할 수 있습니다.

또한 '감성'의 차원에서 살펴보면 이들은 제6차크라를 '대표 차크라'로 사용할 정도로 자아중심성을 상당 부분 극복했기 때문에 그만큼 모든 것에 무한히 개방적으로 열려 있을 수 있습니다. 이들은 타인을 하나로 느끼며 넉넉히 받아들일 수 있는 열린 마음, 특히 깊은 감성적 수용력이 있어서 주변 사람들과 쉽게 감응하며 소통할 수 있습니다.

마지막 '의지'의 측면에 있어서 이들은 높은 열정, 생의 의지를 보이며 패기 있게 일을 추진해 가는 힘을 갖고 있습니다. 이성과 감성의 차원에서 뛰어난 점이 있더라도 이러한 실천력이 없으면 좋은 성과를 얻기 힘든데, 이들은 실행력까지 겸비해서 본인이 원하는 현실을 어렵지 않게 창조할 수 있습니다.

이렇게 제6차크라를 '성년기의 대표 차크라'로 사용하는 사람들의 모든 행동 및 결정은 에고의 결핍감이 아닌 참나에 대한 깊은 자각과 신뢰를 바탕으로 '자발적으로' '자연스럽게' 나오는 편이었습니다. 그들은 그렇게 진정한 본성, '고유한 자기다움'과 하나가 되면서 '지혜' '사랑' '힘'이 따로 놀지 않고 전체의 흐름에 동화되며 계획한 목표를 쉽게 이뤘습니다.[90] 그들은 제6차크라 에너지에 동화된 채 본성과 좀 더 조화를 이루고 본인의 잠재된 재능을 최대한 깨워 온전히 사용하며 성공의 기회를 더 많이 얻고 있었습니다. 조화·균형을 이룬 차크라 상태를 갖추고 그들은 자신의 운명을 자기 힘으로 결정하고 개척해 나갈 수 있는 자유권을 얻은 듯 보였습니다.

여기서 조금 더 쉽게, 왜 제6차크라 에너지에 동화된 사람들이 수월하게 삶의 과업을 완수하고 자기완성을 이루어갈 수 있는지 제5차크라의 경우와 비교해서 설명해보겠습니다.

제6차크라가 아닌 제5차크라를 온전히 개화한다면 '고유한 자기다움'을 실현하며 자신의 가장 높은 상태로 성장할 수 없는지 궁금할 수도 있겠습니다. 사실 제5차크라를 제대로 열기만 해도 자기 동일시에서 상당 부분 벗어나면서 에고의 좁은 관점에서 벗어나 삶을 보다 큰 틀에서 이해할 수 있게 됩니다. 제5차크라의 완전한 개화와

90) 마하라지는 『아이 앰 댓』에서 다음과 같이 설명했습니다. "일을 할 때는 전적으로 그대의 명석한 사고와 순수한 동기 그리고 정직한 행위에 의존하라. 그러면 잘못될 수가 없다."

함께 마음의 힘을 자각하고 무엇이 진실인가에 대해 높은 관심을 가지며 깊은 영적 자각이 생길 수 있습니다. 이때 외부 세계가 마음에 의해 창조된 것이라는 것 혹은 내면의 상태가 그것에 일치하는 외부 현실을 끌어당길 수 있다는 것도 이해할 수 있습니다. 제5차크라 에너지에 동화되면 이렇게 참나의 의지로의 전환과 함께 상위의 길잡이를 찾으며 판단력 등 실제적인 정신 능력이 향상되는데, 이 단계에서 자기실현을 이룰 수 있는 기초조건을 마련했다고 할 수 있습니다.

그러나 제5차크라에서의 그 정도의 각성으로는 아직 부족한 부분이 많습니다. 진정한 내면의 혁명은 제6차크라 에너지에 동화되면서 시작될 수 있습니다.

제6차크라를 온전히 개화하면 마음 안에서 일어나는 모든 것이 밖의 현실에서도 일어난다는 사실에 대한 단순한 피상적 이해 수준을 넘어섭니다. 제5차크라 단계에서 외부 세계에 대해 생각하는 새로운 방식을 받아들이게 된다면, 제6차크라에서는 자아가 조사 대상이 되어서 자아 그 자체가 초월되고 해체된다고 할 수 있습니다. 즉 제6차크라가 제대로 완전히 개화한 후에는 자신이 존재 그 자체라는 자각과 함께 생각이 이루어지는 전체 과정과 그것의 물질화되는 인과 관계에 대해서도 속속들이 정확히 파악할 수 있습니다.[91)]

제7차크라에 비하면 물론 한계가 있지만, 마음의 본질과 그 힘을 철저히, 송두리째 이해하며 마음의 주인으로서 마음을 그야말로 자유롭게 통제하며 사용할 수 있습니다.

말하자면 이원적 관념으로부터 대부분 벗어나서 좀처럼 마음에 휘둘리지 않고, 완전하지는 않지만 마음에 대해 '끝장을 보며' 마음에 대한 모든 것을 '마스터'할 수 있게 됩니다.[92] 마음을 그렇게 스스로 자유롭게 통제·조절해서 사용할 수 있는 만큼 비교적 현실도 그렇게 마음대로 지배해 나갈 수 있습니다. 이미 집착, 두려움 등 부정적이고 에고적인 성향에서 대부분 벗어났기 때문에 그 내면의 각성을 이룬 것을 실제 삶에 통합시키는 것에 큰 어려움이 없는 편입니다. 결국 제6차크라를 완벽하게 열면 본인이 계획하고 원하는 것을 쉽게 세상에 물질화 혹은 창조할 수 있게 됩니다.

제6차크라를 완벽히 개화하지 못했더라도 제6차크라 에너지에 동화되기 시작하면 지적이고 이성적인 생각의 한계를 초월하여 보

---

91) 그렇게 인과 관계까지 정확히 아는 만큼 제6차크라를 완전히 개화한 사람들은 본인이 마주한 현실이 자신이 창조한 것으로서 자신의 책임임을 이해하고 그것을 온전히 수용할 수 있습니다.

92) 제7차크라의 완전한 개화 후에는 마음에 대한 완벽한 정복과 함께 결국 마음의 죽음을 맛볼 수 있습니다.

이지 않는 비물질적 세계의 미묘한 실재에 대한 진실도 파악할 수 있게 됩니다. 즉 일상적인 현실의 배후의, 보다 깊은 차원의 초월적 질서를 자각할 수 있습니다.

말하자면 제6차크라가 조금씩 개화되면서 보이는 세계와 보이지 않는 세계의 그 양면을 함께 직시할 수 있는 초월적·종합적·입체적 이해가 깊어집니다. 전일적 관점을 갖고 내면과 외면, 모든 차원과 방향을 보며 진실을 꿰뚫어서 정교하게 풀어가는, 넓고 심오한 통찰과 지혜가 생기는 것입니다.

제6차크라와 관련된 이러한 역량은 기본적으로 거짓 나에서 벗어나 진정한 자아와 합일한 정도에 비례해서 생길 수 있습니다. 따라서 먼저 자신에 대해 정확히 이해하고 에고의 부정적 에너지를 정화하는 것이 중요합니다. 특히 성인이 되었음에도 제5차크라 및 그 이하의 차크라를 '대표 차크라'로 사용하는 사람이라면 자기실현을 이루는 데 제약이 많아 자아중심성을 제거하도록 더 큰 노력을 해 나가는 것이 필요합니다.

보통 그러한 에고의 분리감은 전체의 흐름을 거스르는 것으로, 그렇게 자신에 대한 중요성을 높인 만큼 에너지를 뺏기게 될 것입니다.[93] 예컨대 집착, 두려움 등 그 남아있는 에고의 부정성이 지혜,

사랑, 힘을 모두 갖춘 힘의 균형 상태에 갈등, 균열을 불러일으켜 결국에는 자아실현의 기회를 잃을 수도 있습니다.

리딩 사례를 보면 사람들 대부분이 성인이 된 후 본인의 전성기에 해당하는 때에도 제6차크라가 아닌 제5차크라 이하의 차크라를 '대표 차크라'로 갖는 경우가 많았습니다. 생각보다 많은 사람이 본인의 내재된 능력을 온전히 사용하지 못한 채 '고유한 자기다움'의 실현에 어려움을 겪고 있었습니다.[94] 심지어는 유명 국회의원, 재벌 2세인 CEO, 스님, 목사 등을 포함한 거물급 정·재계, 종교계 인사들도 에고의 굴레에서 온전히 벗어나지 못한 채 제5차크라 혹은 그 이하의 차크라를 '대표 차크라'로 사용하는 경우가 많았습니다. 의외로 스포츠계, 예술·문화계 등 타 분야에 비해 정·재계, 종교계에서 제6차크라를 '대표 차크라'로 사용하는 사람을 찾기가 생각보다 힘들었습니다.[95] 대중적 영향력이 크고 중요한 위치에 있는 사람들,

---

93) 우리는 전체의 일부이기 때문에 전체의 흐름을 거스를 때 어김없이 값을 치르게 됩니다.

94) 성인이 된 후 여전히 제5차크라 혹은 그 이하의 차크라를 '대표 차크라'로 갖는다면 자기만의 소신도 부족하고 기존의 틀에서 벗어나지 못했음을 의미하는 것이기도 합니다. 그 단계에 머물 경우 좀처럼 변화·개혁의 필요성, 의지를 갖지 못하고 단지 주어진 책임이나 임무를 성실히 다하는 수준에 머물 가능성이 큽니다. 참고로 공무원 중에 제5차크라를 '성년기의 대표 차크라'로 사용하는 사람이 비교적 많았습니다.

95) 해외 정·재계 인사 중 전성기 시절에 제6차크라를 '대표 차크라'로 갖고 있었던 사람 중에 베네수엘라 대통령인 故 우고 차베스, 애플의 故 스티브 잡스 등이 있었습니다.

사회 지도층 인사 중에 제6차크라를 '대표 차크라'로 사용하며 제대로 잠재성을 실현하고 삶의 미션을 완수해 가고 있는 사람이 드물다는 사실에 놀라지 않을 수 없었습니다. 리딩을 하면서, 그래서 우리의 현실이 이렇게 버겁고 녹록하지 않을 수 있겠다는 생각을 하기도 했습니다.

지금까지의 다양한 설명을 다시 한번 간단히 정리해보자면, 본인이 원하는 직업을 갖고 소명을 실현하며 영혼의 여정을 완성하기 위해서는 본연의 진정한 '고유한 자기다움'을 찾아야 합니다. 먼저 어릴 때는 선천적인 '유아기의 대표 차크라'와 관계된 자신만의 고유한 적성과 기질을 정확히 확인하고 그것을 잘 개발해 나가는 것이 필요하며, 그것을 바탕으로 성인이 되면서는 에고에서 벗어나 제6차크라 이상의 에너지를 사용하며 본연의 근원적 '자기'와의 합일을 더불어 지향해 나가야 합니다. 선천적으로 가장 많이 발달한 고유한 소질이 어떤 것이더라도 자기중심성을 제거해 가지 않는다면 자기실현이 불가능하다고 볼 수 있습니다.

결국 고유의 타고난 능력과 장점을 참나의 전체의식 차원에 맞게 조율하며 승화시켜가야만 비로소 제대로 성공의 열매를 맺을 수 있다고 할 수 있습니다.[96] 요컨대 개체성과 전체성이 함께 조화·균형을 이루고 서로 잘 녹아들 때 우주적 흐름과 조율된 진정한 자신의 모습, 가장 이상적인 '고유한 자기다움'이 백 퍼센트 여실히 드러날 수 있습니다.[97] 그러한 '고유한 자기다움'이 최상의 조화와 균형을 이룬 상태에서 '행동함이 없이' '애씀 없이' 행동하는 모습을 보이며 타인에게 '자연스러우면서도' 긍정적 느낌을 주고 마침내 좋은 평가를 얻는 것과 함께 원하는 목표를 이루는 것으로 보입니다.

---

96) 고유한 선천적 소질과 재능을 자기 외에 전체, 모두를 위해 사용할 때 수월하게 자기 실현을 할 수 있는 것으로 보입니다.

97) C.G.융의 분석심리학은 개별화가 집단주의와 개인주의 사이의 중간 지점이라고 설명하고 있습니다.

영재 혹은 천재들의 차크라에 대해서

모두가 가장 많이 개발된 고유의 차크라가 있는 것과 함께 그 차크라와 관련된 재능을 각자 적어도 한 개씩 갖고 있는 것을 보면 신은 특별한 개성적 능력을 누구에게나 선물했음을 알 수 있습니다. 그동안 리딩을 해오면서 그 선물에 담긴 신의 섬세한 배려와 보살핌을 확인하며 놀란 적이 적지 않았습니다.

예를 들어 아이큐 160 이상 영재들의 차크라를 리딩해 보면 대부분 제3차크라를 '유아기의 대표 차크라'로 가지며 집중력도 뛰어나고 지성적·논리적인 면에서 역시 선천적으로 탁월한 점이 있었습니다. 그러나 그들은 제6·제7차크라가 상대적으로 덜 개발되어서 그런지 전체적 관점에서 실재를 볼 수 있는 안목이 높지 않았습니다. 또한 그들은 풍부한 상상력과 창의적 아이디어를 바탕으로 새로운 것을 창조하는 데 별다른 능력이 없어 보였습니다. 요컨대 그들은 이성적·지적인 사고 기능이 발달한 것은 사실이지만 전일적 관점, 통섭적 사고력 그리고 창의적인 면 등이 상대적으로 부족하고 다소 편협하며 제한적인 시야를 갖고 있었습니다.

더군다나 영재들 중에는 제7차크라 외에 제4차크라 에너지도 역시 사용 비중이 작아서 타인을 포용할 수 있는 따뜻하고 열린 마음이 부족한 경우가 꽤 있었습니다. 그 외에 영재들의 특징으로서 그들은 이상주의 혹은 인도주의적 성향이 그다지 높지 않은 점이 있었습니다.

결국 많은 영재를 리딩하면서 신은 우리에게 모든 것을 함께 주지 않는다는 생각이 자연스럽게 들기도 했습니다.

이타적이고 진실한 사람들이 성공과 풍요를 얻는다

성공한 사람들의 비밀이 '유아기의 대표 차크라'의 충분한 개발과 함께 '성년기의 대표 차크라'로서 제6차크라를 주로 사용하며 '고유한 자기다움'을 찾은 것이라고 설명했습니다. 그런데 이 말은 성공하고 자기실현을 이룬 사람들이 이타적이고 진실한 면이 있다는 의미이기도 합니다. 즉 그러한 사람들은 제6차크라를 '대표 차크라'로 사용하며 에고에서 벗어나 진정한 자신과 하나가 되어가면서 공통적으로 이기적이지 않고 거짓이 없는 편입니다. 그들은 참된 나와 점차 하나가 되면서 나와 남을 둘로 보지 않고 자연스럽게 바르고 양심적인 면이 있는 것이 사실입니다.

예를 들어 과거 〈먹거리 X파일〉이라는 TV 프로그램에서 '착한 식당'의 주인들을 리딩한 적이 있었습니다. 리딩 결과를 보면 그들은 대부분 제6차크라를 '성년기의 대표 차크라'로 사용하며 참나와 하나가 되어가고 있었고 말 그대로 '착한 식당'의 주인다웠습니다. 에너지적 리딩을 통해서도 그들이 에고의 부정적 영향을 크게 받지 않고 소신에 따라 순수하고 거짓 없이 살아가고 있다는 것을 확인할 수 있었습니다. 어쩌면 그들도 수익을 올리는 것에 대한 유혹도 받고 나름의 욕심과 갈등이 있었을 것입니다. 그러나 그들은 자신의 일을 목적을 위한 수단이라 생각하지 않고 내면의 가치에 따라 양심을 지키며 본인 나름의 방식으로 인생의 의미를 창조하는 쪽으로 선택해 나가는 것으로 보였습니다. 한 치 앞도 볼 수 없는 불안한 현실, 그 격랑의 바다에서 자신이 하는 일에 대한 자부심과 책임감을 갖고 주체적 자세로 삶의 도전을 완수해 나가는 '착한 식당' 주인들의 모습에 고무될 수밖에 없었습니다. '착한 식당'의 주인들처럼 제6차크라 에너지를 주로 사용하는 사람들은 대부분 이런 식으로 본인의 색깔을 잃지 않으면서도 사회와 잘 융합해서 성공적으로 자신의 길을 개척해 가고 있었습니다.

그런데 그런 사람들로부터 공통적으로 평소 언행을 포함한 모든 면에서 진실함과 배려심이 묻어났고, 전체적으로 '자연스럽다'는 느낌을 받았습니다. 그러한 인상을 받은 것은 그들이 진정한 본래의 자아와 하나가 되는 것에서 기인하는 듯 보였습니다.

그들이 그렇게 공통적 특징을 보이는 이유를 좀 더 생각해 보고 다음과 같이 판단하게 되었습니다. '착한 식당'의 주인과 같이 제6차크라를 '대표 차크라'로 사용하는 사람들의 경우 전체의식과 합일되어가면서 의식에서 바라는 것과 무의식에서 바라는 것이 대부분 일치하는 편이라는 것입니다. 공적(公的)인 자아와 사적(私的)인 자아 사이에 간극이 크지 않은 그들은 존재와 행동의 조화를 이루며 '자연스럽게' 거짓 없이 진실하고 이타적인 태도를 보일 수 있습니다. 말하자면 제6차크라를 '대표 차크라'로 사용하는 만큼 '한마음'의 일체감을 가지면서 진정성을 갖고 '저절로' 모두를 위해 가장 바른 것을 선택해서 실행하는 면이 생길 수 있습니다. 제6차크라를 '대표 차크라'로 사용하는 사람들은 전체의식과 동화되어 상생하려는 의지를 가지며 이기심 없이 바르고 순수한 마음으로 주변 사람들의 필요에 적절히 반응할 수 있습니다.

요컨대 제6차크라를 주로 사용하는 사람들은 진정한 자신과 하나가 되어가면서 '한마음' 속에서 '저절로' '자발적으로' '자연스럽게' 진실함과 배려심을 바탕으로 판단하고 행동하는 측면이 있습니다.

사실 본연의 진정한 나와 완벽한 조화를 이루고 제7차크라를 개화한 본디 '한마음'의 완전함 혹은 '참나의 온전함' 속에서는 너와 나, 모두가 둘이 아닙니다. 따라서 이렇게 진실한 마음, 이타적인 마음을 갖는 것은 특별한 것이 절대 아닙니다. 그것은 본래 인간이 갖고 있는 너무나 당연하고 '자연스러운' 가장 기본적인 본래의 원초적 자세라고 할 수 있습니다. 따라서 제6차크라를 주로 사용하며 본연의 존재 상태에 가깝게 된 사람들이 그렇게 타인에게 진정성을 갖고 진실하고 배려하는 태도를 보이는 것도 너무나 '자연스러운' 일이라 할 수 있습니다. 또한 그러한 모습에 제가 감응하며 본능적으로 '자연스럽다'는 인상을 받는 것도 지극히 '자연스러운' 현상일 수 있을 것입니다.

본래 모두가 '한마음'으로서 둘이 아니기 때문에 누군가가 진실하고 이타적인 태도를 보이면 또 다른 '나'라 할 수 있는 사람의 둘 아닌 마음이 '가고 옴이 없이' 오가면서 쉽게 서로 동조하며 공명하게 됩니다. 따라서 모두를 둘로 보지 않으며 순수하고 바른 마음을 가질수록 그만큼 쉽고 강하게 다른 사람의 마음으로 스며들고, 타인의 마음 역시 자신의 마음속으로 흡수될 수 있을 것입니다.

요컨대 타인에 대한 진실하고 배려하는 마음에 비례해서 에고의 저항이나 왜곡 없이 한 찰나에 마음과 마음이 통하며 '한마음'의 일체감을 갖고 서로 공명·공감할 수 있습니다. 그런 식으로 진실하고 이타적인 마음을 갖는다면 모두의 마음의 뿌리인 '한마음'과 일치하면서 '자연스러운' 인상을 주고 보다 많은 또 다른 '나'들을 공감시키며, 성공의 기회도 그만큼 많이 얻을 수 있을 것입니다.

실제로 그동안 리딩을 해오면서 소명을 이루며 자기실현을 이룬 사람들은 '착한 식당'의 주인들처럼 제6차크라 에너지를 주로 사용하며 기본적으로 진실하고 배려심 깊은 사람들임을 확인할 수 있었습니다. 우리 사회를 실질적으로 이끌어가는 사람들이 바로 이렇게 제6차크라를 '대표 차크라'로 사용하는 사람들로서 사회 구석구석 각 분야에서 양심을 지키며 이타적인 사랑을 실천하는 사람이라고 봐도 될 것입니다. 그런 식으로 제6차크라 에너지를 사용하며 '고유한 자기다움'을 회복하며 본성과 하나가 되어가고 있는 사람들은 이원성의 속박에서 대부분 해방된 사람들입니다.

그렇게 '한마음'으로서 이원성 없는 마음이 외부로 드러날 때 전일적 관점을 가지며 '저절로' '자발적으로' '자연스럽게' 진실하고 배려심 있는 태도로 나타나게 됩니다. 즉 '한마음'을 갖게 되면서 존재의 뿌리에서 모든 존재가 하나라는 자각과 함께 '저절로' '자발적으로' '자연스럽게' 모든 존재를 품어 안고 그들에게 순수하게, 바르게 대하며 도움을 주려 할 것입니다.

내가 나 자신에게 거짓과 악을 행하며 못되게 굴 수는 없는 것이므로 그것은 극히 자연스러운 과정이라고 할 수 있을 것입니다. 애초에 모두가 일심(一心)으로서 하나이고 그렇게 '한마음'이 된다면 우주, 자연, 순수한 생명의 자발적 리듬과도 '자연스럽게' 공명할 수 있습니다. '한마음'의 일체감 속에서 모든 사람, 사물과 '저절로' '자발적으로' 감응하고 교감할 수 있게 되는 것입니다.

결국 부처님의 마음, 예수님의 마음, 부모님의 마음, 내 마음이 따로 존재하는 것이 아니고 모든 마음이 '한마음'으로 뭉쳐서 유기적으로 긴밀하게 작용하고 있다고 할 수 있습니다. 모든 사람에게 내재해 있는 참나는 누구나 똑같고 둘이 아닙니다. 부처님의 마음, 예수님의 마음, 부모님의 마음 그리고 내 마음을 모두 합치더라도 여러 개가 아니라 결국 '하나'가 되기 때문입니다. 사회 각 분야에서 성공한 사람 중에서 오랜 시간 대중들로부터 존경과 사랑을 받아온 사람들을 리딩하면 그러한 점이 두드러지게 드러났습니다.

구체적으로 설명하면, 톱스타 등 정상의 위치를 장기간 지켜온 사람들은 대부분 제6차크라를 '대표 차크라'로 사용하고 있었고 좁고 제한된 자아에서 벗어나 전체의식에 상당 부분 동화된 사람들이었습니다. 이런 사람들이 오랫동안 대중들로부터 사랑받고 건재한 모습을 통해서도 모두의 영혼의 근본 뿌리가 동일하다는 것을 추론할 수 있었습니다.

보통 사람들이 이런 사람들과 '한마음'으로서 같은 존재의 근원을 갖고 있기 때문에 '가고 옴이 없이' 마음과 마음이 전달되며 그들의 진실, 진정성을 '자연스럽게' 알아보고 호응하는 것이라고 판단할 수 있습니다.[98] 앞의 설명처럼 사람들은 또 다른 나의 거짓 없는 참되고 진실한 모습에 자신도 모르게 '직관적으로' 끌리며 공감하고 서로 교감합니다. 영혼의 근본, 그 궁극의 차원에서 우리가 하나의 영혼으로 서로 연결되었기 때문에 사람들이 그렇게 그들의 진실, 진정성에 '저절로' '자연스럽게' 감응하며 선호하는 것입니다.

말하자면 '한마음'의 원초적 동질성, 그 필연적 인연을 바탕으로 사람들은 본능적으로 혹은 무의식적으로 또 다른 '나'인 누군가의 속마음을 '자연스럽게' 감지하고 나름의 반응을 나타내는 거라는 판단이 듭니다. 결국 이타적 태도를 갖고 진실함을 계속 지향해 간다면 같은 영혼의 뿌리를 갖고 있는 수많은 또 다른 '나'들을 마치 자석이 붙듯이 이끌리게 해서 관심과 사랑을 쉽게 받을 수 있습니다.

---

98) 보이지 않는 차원에서 모두의 마음의 근본은 서로 연결되어 있고 우주 전체가 하나의 유기체로서 한 치의 오차 없이 정확히 맞물려 돌아가면서 서로에게 긴밀한 영향을 주고 있습니다.

본래 '한마음'으로서 본인도 모르게 마음과 마음, 영혼과 영혼이 통해서 사람들은 '저절로' '자발적으로' '자연스럽게' '진짜'를 알아볼 수 있기 때문입니다. 많은 사람과 깊고 넓게 교감할 수 있도록 에고를 내려놓으며 어떠한 거짓도 없이 진실하고 배려심 있는 태도를 늘 견지하는 것이 소명을 완수하고 자기실현을 할 수 있는 기본 조건입니다.

수호천사와 성령의 존재에 대하여

리딩을 하면 모든 사람의 주변에서 수호천사, 성령 등 영적 안내자 혹은 길잡이로 보이는 특별한 힘을 느낄 수 있습니다. 그런데 그것이 모든 사람에게 동일한 정도로 감지되지는 않았습니다. 각 차크라가 온전히 균형 있게 개발되고 자아 완성에 가까운 경지에 있는 사람일수록 그 힘이 강하게 나타났고, 반대로 차크라 상태의 조화가 깨지고 이기적인 성향이 강한 사람들에게서는 그러한 힘이 미약했고, 극단적으로 아예 그것이 전혀 보이지 않는 경우도 있었습니다.[99]

그러한 보호해 주는 힘이 강한 사람 중에는 많은 사람으로부터 인정 및 존경을 받는, 사회 각 분야의 성공한 사람들이 있었습니다. 기본적으로 그들은 제6차크라 에너지를 주로 사용하며 조화롭고 균형 잡힌 차크라 상태를 갖고 열린 마음으로 많은 대상과 교감 및 소통하는 것이 가능한 사람들이라고 할 수 있습니다. 이기적이며 폐쇄적인 성향의 사람들의 부실한 상태와는 반대로 이들의 경우, 주위의 보호해 주는 힘이 강했습니다.

---

99) 대표적으로 그런 사람들 중에는 타인에게 피해를 주며 범죄를 저지르는 전과자들이 있었습니다.

위 설명에서 수호천사, 성령이라고 직접적으로 단정하지 않고 '수호천사, 성령으로 보이는 힘'이라고 표현했는데 솔직히 그 실체가 구체적으로 무엇인지 저도 정확히 모릅니다.[100] 그렇더라도 수호천사, 성령처럼 이렇게 우리의 삶을 돌보고 이끌어주는 특별한 힘으로서 보호자 역할을 하는 그 무엇이 분명히 있을 거라고는 생각합니다. 그런데 어쩌면 우리를 보호해 주는 그 영적인 힘이란 실제 보호령, 천사처럼 다른 차원에 있는 특별한 존재와 관계가 없을지도 모르겠습니다. 그것은 또 다른 나라고 할 수 있는 내 주변의 모든 생명, 이웃, 동료들일 수도 있습니다. 따라서 모든 존재를 또 다른 나 혹은 나의 어머니이자 아버지로 생각하며 사랑하고 공덕을 쌓아나간다면 그들과 자연스럽게 감응하면서 필요할 때 도움과 보살핌의 손길을 쉽게 받을 수 있을 것입니다.

그런 점에서 평소 자기중심성을 내려놓고 개방적이고 진실한 자세로 세상 사람들과 더불어 같이 유익할 수 있는 마음을 가지도록 노력하는 것이 중요할 것입니다. 그런 태도, 내면적 조건을

100) 기본적으로 저의 경우 사실적인 판단을 중요시하는데, 검증이 어려운 초자연 현상에 대해서 조심스럽게 접근하고 있습니다. 최대한 객관적으로 이해하고자 노력하고 있습니다.

갖춘다면 또 다른 나라 할 수 있는 각처 모든 영혼의 인연들이 나의 손과 발로서 응신(應身) 혹은 보디가드가 되어주어 보다 쉽게 장애·구속에서 벗어나도록 이끌어 줄 수 있을 것입니다. 달리 말하면, 모든 것을 나와 둘로 보지 않는 예수님 혹은 부처님의 마음과 같은 넓고 열린 마음 자체가 보호령, 수호천사로서 외부의 부정적 영향력으로부터 우리를 지켜주는 것이라고 할 수 있습니다.

거짓은 오래가지 못한다

'공명(共鳴) 현상'이라고 하는 물질 현상에 대해 어디선가 한 번쯤 들어보셨을 겁니다. '공명 현상'은 두 개의 물체가 서로 조화로운 진동률을 갖고 있을 경우 한 물체가 강하게 진동했을 때 다른 위치에 있는 물체도 진동하는 현상을 말합니다. 예를 들어, 소리를 질러서 유리잔을 깨뜨리는 것 그리고 라디오의 주파수를 맞춰 채널을 선택하는 것 모두 '공명 현상'과 관계된 것들입니다. 차크라 리딩을 할 때도 일종의 '공명 현상'이 일어난다고 할 수 있습니다.

저의 경우 라디오 주파수 맞추듯이 상대방 고유의 파장에 적절히 동조·결맞음 하며 감응하면 상대방의 차크라 상태를 확인할 수 있습니다. 리딩을 할 때 무념무상 상태로 리딩 대상과 깊은 일체감 속에 있으면 차크라 외에도 여러 가지 정보들을 구체적으로 파악하는 것이 가능했습니다. 또 다른 나로서 리딩 대상과 둘이 아님을 최대한 온전히 느끼면 리딩 대상의 사진, 이름 등 최소한의 부분적 정보만으로 시공간과 관계없이 원하는 내용을 자유롭게 확인할 수 있었습니다.[101)]

아카식 레코드(Akashic records)란 개념이 있는데 시공간에서 발생한 모든 생각, 행위, 감정, 경험들이 에너지 형태로 기록된다고 합니다. 저 또한 실제로 그런 것이 존재할 거라고 생각합니다. 저는 경험적·객관적 접근방식을 지향하는 편이고 매우 조심스러운 입장인데, 초감각지각능력이 있는 사람들은 각자 나름의 방식으로 아카식 레코드와 같은 것의 문을 실제로 연다고 보고 있습니다. 이렇게 아카식 레코드의 역할을 하는 그 무엇이 존재할 가능성이 크다고 생각하는 이유가 있습니다. 저처럼 에너지적 리딩을 하는 사람들끼리 특정한 인물에 대해 리딩한 것의 결과를 비교해 보면 구체적인 사항은 조금씩 다르더라도 전반적으로 매우 비슷한 결과를 확인할 수 있습니다. 또한 아카식 레코드를 구성하는 에너지가 사랑의 에너지라고 하는데 과거 리딩할 때 사랑의 차원으로까지 승화시킬 수 있도록 전

101) 예를 들면 이미 고인이 된 사람이더라도 사진만으로 그 사람이 죽을 당시의 차크라 상태 그리고 어린 시절의 차크라 상태를 확인하는 것도 가능했습니다.

일적 관점을 갖고 일체감을 최대한 높이면 더 정확한 결과가 나왔습니다.

리딩을 계속해오면서 의식의 확장과 함께 요령이 생기며 더 빠르고 깊게 리딩 대상과 일체감을 느낄 수 있게 되었습니다. 그런데 리딩하는 능력이 향상될수록 일상생활에서 최대한 진실하고 순수해지려 노력하게 되었습니다. 그 이유는 다음과 같습니다.

과거 리딩을 하던 중 의도하지 않았지만 상대방의 내밀한 프라이버시에 대한 부분도 알게 되는 경우가 있었고 나만의 비밀은 존재할 수 없다는 것을 깨칠 기회가 상당히 많았습니다. 특히 그동안 초감각지각능력이 발달한 사람들을 자주 만나오면서 거짓이 '전혀' 통할 수 없다는 것을 수시로 확인할 수 있었습니다. 보통 자기가 혼자서 한 일은 누구도 모를 거라고 생각하는데 그것이 불가능함을 철저히 각성하는 체험을 그동안 일상적으로 자주 해왔습니다.

예를 들어, 과거 저에게 상담을 의뢰해왔던 분 중에 초감각지각능력이 선천적으로 매우 발달한 사람들이 꽤 많았는데 그분들의 그러한 능력 때문에 난처한 경험을 적지 않게 했었습니다. 그런 사람들은 상담 중에 본인 스스로 말은 하지 않아도 미묘한 감정의 흐름을 포함해서 순간순간 제 내면 상태를 직관적으로 느끼고 파악하는 듯

했습니다. 정말 예민한 사람의 경우 저에게서 느껴지는 기운 혹은 에너지를 감지하며 과거 제가 어떤 습관을 갖고 어떻게 생활했었는지도 알아내곤 했습니다. 그런 사람들과 이야기할 때는 벌거벗은 채 이야기하는 듯한 느낌이 들기도 하고 괜히 식은땀도 나며 긴장하지 않을 수 없었습니다.

저 자신도 리딩 능력이 있어서 알고 있었던 사실이지만 그런 비슷한 체험을 계속하면서 진실의 중요성을 거듭 확인할 수 있었습니다. 그러면서 결국 누구에게라도 당당하고 떳떳할 수 있도록 마음을 순수하고 맑게 하기 위해 자기 수양을 하며 내면의 정화에 더 집중해야 했습니다. 마음공부 및 수련도 했지만 그런 사람들과 오랜 기간 많이 교류해오면서 오직 순수한 의도와 목적하에서 모든 것을 결정하고 행동하기 위해 더 노력하게 되었습니다.

그 외에 초감각지각능력이 발달하지 않은 사람들이더라도 제6차크라의 에너지에 동화되면 누구나 전체의식에 접속되며 직관이 정확해지면서 타인의 의도나 마음을 쉽게 감지할 수 있음을 확인할 수 있었습니다. 즉 모든 사람이 본성과 조화를 이루게 되면 본인 스스로 의도하지 않더라도 다른 사람들의 진실을 무의식적으로 어렵지 않게 간파할 수 있다는 것을 파악하게 되었습니다. 예컨대 삶의 경험이 풍부하고 자기실현에 성공한 나이 든 주변 분들을 보면 타인의 내면 상태를 정확히 읽고 감응하면서 조화롭게 대응하는 능력이 뛰어난 경우가 많았습니다. 그렇게 모두가 둘이 아니어서 '저절로' 서로 감응·소통할 수 있다는 자각이 깊어지면서 진정성을 바탕으로 오로지 바르고 양심적인 의도의 경계 안에서 모든 것을 결정·행동하려고 더 노력하게 되었습니다.

결국 본인이 알면 우주 전체가 알게 되고 자신만 아는 일이란 절대로 있을 수 없음을 절대적으로 확신하게 되었습니다. 그러면서 초감각적지각능력의 활용 범위도 더 넓어졌습니다. 예컨대 과거 중고물품을 구입하거나 병원에 갈 일이 생겼을 때 저만의 확인 방법을 사용했습니다. 앞서 시공간을 초월해 리딩이 가능함을 설명했는데 중고물품 판매자, 해당 병원 담당 의사에 대한 차크라 리딩을 원격으로 시도했습니다.[102] 그래서 차크라 상태가 좋지 않고 이기적인 성향이 강한 사람이면 물건을 구입하거나 치료받는 것을 피했습니다. 가능하면 차크라 상태가 균형을 이루며 양심적이고 본연의 자신의 모습에 가깝게 도달한 사람들을 찾았습니다. 그렇게 하면 대부분 만족할 만한 결과를 얻었습니다. 적어도 인터넷 중고제품 판매 사이

102) 병원 선택의 경우 홈페이지 등에 올라온 의료진의 사진을 보고 리딩을 했습니다. 반면에 중고물품의 경우 중고물품 판매 사이트에 올라온 제품 사진 혹은 판매자가 쓴 글을 통해 간접적으로 리딩을 했습니다.

트에서 사기를 당하거나 병원의 과잉 진료 등으로 손해를 보는 일은 겪지 않을 수 있었습니다.

그런데 일부러 그런 식으로 리딩을 통해 확인하지 않아도 본인의 내적 성향, 품성, 인격 등은 결국 언젠가는 말과 행동 심지어는 옷차림, 얼굴의 생김새에서 '저절로' 외부로 반영되어 나타나게 됩니다. 지금 당장은 아니더라도 시간이 흐르면서 내면세계의 모든 것이 '자연스럽게' 밖으로 드러나고 그것을 숨기는 것이 불가능하다고 할 수 있습니다. 관상이나 행동심리학이 아니더라도 그동안 리딩을 하며 리딩한 사람의 내면 상태와 함께 그 사람의 얼굴 모습 그리고 평소 언행 등 외부로 드러난 부분을 비교해 확인해 보면 상관관계가 분명히 있었습니다. 예컨대 차크라 간의 조화·균형이 깨지고 강한 자기중심적 성향이 있는 사람의 경우 눈빛부터 맑지 않았고, 차크라 상태가 좋고 참나를 회복한 사람들과 달랐습니다.

그런데 간사하고 표리부동(表裏不同)한 것 등이 지속되고 일정 한계를 넘게 되면 그것이 단순히 밖으로 노출되고 다른 사람들에게 알려지는 차원에서 끝나지 않음을 알 수 있습니다. 즉 자기중심성에서 나오는 그러한 거짓된 성향은 본인 차크라 상태를 나쁘게 하고 그것이 축적된 만큼 결국 외부적 시련과 고통을 불러옴을 확인할 수 있었습니다. 최고의 위치에서 대중적 인기를 얻던 유명 연예인, 스포

츠인, 정치인 등이 불법 도박, 스캔들, 비리, 추문에 연루되어 비난받고 해당 분야에서 퇴출당하는 것이 그 대표적인 예라 할 수 있습니다. 그런 사람들도 정상적으로 활발히 활동하던 당시의 차크라 상태를 리딩해보면 제6차크라 에너지를 주로 사용하며 본성과 조화를 이루면서 본인의 잠재된 능력을 온전히 발휘하고 있었습니다.

그러나 그들은 시간이 지나면서 에고의 부정적 영향을 받으며 나름의 유혹을 극복하지 못한 채 '고유한 자기다움'을 잃고 정상적 삶의 궤도에서 벗어나기도 했습니다. 그때 그런 사람들에게는 공통적으로, 주로 사용하는 차크라의 위치에 변화가 생겼습니다. 즉 그런 상황에서 과거 전성기 시절과 다르게 주로 사용하는 차크라의 위치가 배꼽 아래쪽으로 바뀌며 참나와의 연결이 끊어져 있었습니다.[103)]리딩을 해오면서 이렇게 성공적으로 자기실현을 이룬 사람들이더라도 시간이 흐르면서 에고의 부정성으로 인해 본성과 멀어지며 명예를 잃고 바닥으로 추락하는 사례를 적지 않게 볼 수 있었습니다.[104)]

---

103) 문제가 생기기 전에도 그렇게 차크라 상태의 변화를 확인하면 그 사람이 앞으로 현실에서 어려움과 고난을 겪으리라는 것을 예상하는 것이 어느 정도 가능합니다.

104) 그렇게 삶의 중대한 위기를 겪더라도 거기서 끝나는 것이 아니었습니다. 다시 심기일전해서 재기에 성공하는 사람들이 많지는 않았지만, 분명히 있었습니다. 그들은 강한 영혼의 소유자로서 바닥에서 다시 심기일전해서 과거의 영광을 되찾았습니다.

그밖에 유명 인사들이 성공하고 또 몰락하기까지 외부 현실에서 드러난 모습과 내면의 드러나지 않은 변화 과정을 리딩을 통해 같이 비교·분석하면서 많은 것을 배울 수 있었습니다. 예를 들면 자신의 길을 성공적으로 개척하고 안정적 위치에 이미 도달한 사람들도 현실에 안주하지 않고 자기 한계에 도전하는 노력을 지속적으로 해나가지 않으면 내·외적으로 문제가 생겼습니다. 리딩을 하며 그러한 사실을 계속 알게 되면서 결국 죽기 전까지 진정한 자신과 하나가 되기 위해 끊임없이 이기적 자아를 버리고 수양하며 영혼을 성숙시켜나가야 함을 깊이 깨달을 수 있었습니다.

그런 식으로 현실 이면의 보이지 않는 세계를 들여다보면 참나의 절대적 근원은 나와 남을 모두 파멸시키는 이기적 욕망의 노예가 된 자들을 결코 그냥 내버려 두지 않음을 확인할 수 있습니다. 어떤 식으로든지 전체의 흐름과 부조화하며 진정한 자신의 존재에서 멀어지게 되면 고통과 시련을 주는 등 우주적 차원에서 모종의 '작업'이 이루어지는 것을 직·간접적으로 알 수 있었습니다.[105] 꽉 짜인 그물처럼 서로 연결된 채 한 치 오차 없이 긴밀하게 작용하고 있는 우주의 질서, 그 전체의 조화와 균형을 깨뜨리는 것에 대해 어떠한 용서

---

105) 기본적으로 이기적 자아의 분리감은 모두에게 '독'이라 할 수 있습니다. 자신과 전체를 파멸시키는 근원이라고 할 수 있을 것입니다.

도 없는 듯합니다. 우주 전체가 '한마음'으로서 정합적이면서도 유기적으로 정교하게 맞물려 돌아가며 상호 영향을 주고 있는 사실을 고려하면 이러한 조정·정화 작업은 지극히 자연스러운 일처럼 보입니다.

결국 이러한 사실들에 대한 이해가 깊어지면서 근원과의 조화를 깨뜨리는 에고의 분리감에서 비롯된 잔꾀, 위선, 허위 등 어떠한 사소한 거짓도 전혀 통할 수 없다는 것을 절대적으로 확신하게 되었습니다.

그동안 리딩을 통해 다른 사람이 거짓을 저지르는 것을 너무나 쉽게, 빨리 간파할 수 있었고 진실의 중요성을 누구보다 철저하게 자각하게 된 것이 사실입니다. 따라서 나 자신이 타인의 내면세계를 손쉽게 확인할 수 있는 것만큼 반대로 나에 대한 모든 것도 사람들에게 언제든지 적나라하게 알려질 수 있음을 자각하며 항상 정직하고 진솔한 태도를 유지하고자 노력했습니다.

기본적으로 과거 임사체험에서 나름의 교훈이 있었기 때문에 양심의 소리에 최대한 귀 기울이며 진실에서 벗어나는 것에 대해 스스로 경계를 많이 해온 편입니다.[106] 그러한 체험이 아니더라도 지병과 오랜 시간 사투하는 과정에서 늘 회광반조(廻光返照) 하며 자기성

찰을 하는 것이 일상화된 점도 있습니다.

어떻게 해도, 무슨 방법을 써도, 어떠한 노력을 해도 지병이 치유되지 않자 마지막 선택으로서 간절한 마음으로 씻어내고 벗겨내며 내려놓는 정화의 작업을 계속해나갔습니다. 당시 병이 낫지 않는 원인이 남아있는 탐욕, 집착 등 에고의 부정성이라고 생각했고, 에고의 때를 벗겨내며 진정한 나를 찾는 것에서 해결책을 찾으려 했습니다. 그러다 보니 언젠가부터 부정적 의도나 동기가 개입된 생각이 떠오르면 무조건 그때그때 내려놓아 애초에 꼬리를 자르려 하게 되었습니다. 그 외에 자신에게 잔인할 정도로 진실해야 함을 인식하며 외부에 공개되더라도 부끄러워할 만한 어떤 생각이나 행동도 하지 않으려 항상 주의하게 되었습니다. 그렇게 저 자신의 속마음조차 누구에게나 투명하게 공개해도 될 정도로 거짓 없는 순수한 마음을 가지려 노력하면서 차크라 리딩도 더 정확하게 잘 되었습니다.

과거 임사체험 및 리딩을 통해 확인한 근원 차원에서의 작용과 질서를 상기해 보면 결국 혼자 하는 사소한 생각조차 실제로 전 우주

---

106) 저의 경우 임사체험 외에도 죽음에 대한 각성이 깊어지게 된 여러 계기가 있었습니다. 예컨대 과거 지병 치유를 위해 산속의 절과 같은 곳에서 위암 말기 상태의 할아버지와 한 달 정도 숙식을 같이하며 수행한 적이 있었습니다. 그런 비슷한 경험들이 축적되면서 죽음을 제대로 인식하게 되었고 삶을 어떻게 살아야 하는지에 대한 명확한 관점을 얻을 수 있었습니다.

에 공유되고 서로 영향을 주는 것이 맞습니다. 우리는 모두 존재의 뿌리에서 하나이고, 순간순간 한 개인이 하는 단순한 생각, 행동조차 전체 우주에 알려지며 영향을 미칠 수 있습니다. 누구든지 이렇게 가식, 내숭, 위선 등 겉으로 꾸미며 거짓을 감추는 것이 애초에 전혀 불가능함을 자각하고 평소 바르고 정직하며 진실한 태도를 지향해 가는 것이 꼭 필요하다고 할 수 있습니다. 저의 경우 과거 마음공부 외에도 많은 시행착오 속에서 몸으로 직접 부딪치며 이러한 거짓 없는 진실의 중요성을 체득할 수 있었는데, 저 외에 많은 사람이 이 사실을 깨달을 수 있기를 바라는 마음이 큽니다.

본디 모두가 '한마음'으로서 나와 둘이 아닌 만큼 늘 아름다운 마음을 갖고 내면의 진정성 속에서 '저절로' '자발적으로' '자연스럽게' 행동할 수 있는 조건을 마련해 나가야 할 것입니다.

운명은 존재하는가?

차크라를 포함한 에너지적 리딩을 통해 확인해 보면 정해진 팔자, 운명이 존재하는지 그렇지 않은지 어느 정도 유추해 볼 수 있었습니다. 그런데 관점에 따라서 운명의 존재 여부를 긍정할 수도, 부정할 수도 있고, 미리 결정된 운명이 존재하는지 명확하게 판단하기 쉽지만은 않았습니다. 결국 여러 사례를 분석해 본 결과 운명이라고 말할 수 있는 것은 존재하지만 그것을 극복할 수 있는 가능성 또한 열려 있음을 알게 되었습니다.

먼저 운명이 있다고 긍정한 이유를 설명하면 다음과 같습니다. 리딩을 해보면 사람들은 저마다 다른 자신만의 '인생 설계도'를 선천적으로 가지고 태어남을 확인할 수 있습니다.[107] 즉 신생아들도 각자 차크라의 상태가 동일하지 않았고 나름의 다른 성향과 소질을 가지고 있었습니다. 특히 구체적이지 않지만 앞으로 할 수 있는 사회활동의 범위 혹은 삶의 과제의 양이 저마

107) 어쩌면 훌륭한 '설계도' '그릇'을 갖고 태어난 사람들은 인생을 살면서 그 선천적 역량에 맞는, 더 많은 책임과 의무가 있을지 모릅니다. 사회에 봉사도 더 열심히 해야 하고 평범한 일반인들보다 혹독한 시련과 고통을 더 많이 체험해야 할 수도 있을 것입니다. 나름의 이유가 있어서 그러한 조건을 갖고 태어난 것이니 각자의 선천적 역량을 비교하며 타인을 부러워할 이유가 없을 거라고 봅니다.

다 동일하지 않았습니다.[108]

그런데 사람들은 본인의 선천적 '그릇'의 한계를 극복하기 힘든 듯 보였습니다. 예컨대 리딩 상담에서 내담자에게 소명의 완수에 필요한 조언을 열심히 해주어도 대부분 그것에 저항하며 본인이 지금까지 살아오던 삶의 패턴에서 좀처럼 벗어나지 않으려 했습니다.

반면에 미리 정해진 운명이 없다고 본 이유는 다음과 같습니다. 그렇게 이미 날 때부터 정해진 나름의 한계, 틀이 어떻더라도 제6차크라 에너지에 제대로 동화한다면 뿌리 깊은 집착 등 에고의 부정성에서 대부분 벗어나며 본인이 원하는 삶을 자유롭게 살 수 있습니다. 즉 제6차크라를 온전히 개화해서 에고에 지배되지 않고 마음을 스스로 통제하며 마음을 마음대로 자유롭게 사용하게 되면 운명과 관계없이 본인의 의도대로 원하는 현실을 창조해 나갈 수 있습니다.

108) 이번 삶에서 사람들이 완수해야 할 일이 정확히 무엇인지 자세하게 확인할 수 없었지만 리딩을 통해서 나오는 차크라 및 그 외의 상징들을 분석해보면 그들이 앞으로 달성해야 하는 일의 범위는 대강 유추할 수 있었습니다.

특히 제7차크라까지 모두 개화하면 몸과 마음과의 동일시에서 벗어나 '내가 있음'의 순수의식으로서 늘 현존하며 본인의 운명을 완전하게 극복할 수 있습니다. 그 경지에서 비로소 존재 그 자체로서 살아가며 그 무엇에도 걸림이 없는 대자유인이 될 수 있습니다. 제7차크라를 그렇게 완벽히 열고 참나를 회복하며 운명의 주인이 되려면 평소 꾸준한 자기 수양과 함께 자기 초월의 노력을 해야 합니다. 요컨대 운명이 있더라도 그것을 스스로 이겨내는 것이 모든 사람의 궁극적 운명이라고 할 수 있습니다. 그런 점에서 주어진 환경, 조건에 부정적이거나 안주하지 않고 긍정적인 마음으로 끊임없이 본인의 한계에 도전하며 적극적으로 원하는 삶을 창조해 나가야 할 것입니다.

4장
'쿨한 바보'의 길을 가다

'쿨한 바보'가 되다

저의 경우 원래 영성에 관심이 있었던 것이 아닙니다. 마음공부를 시작한 것은 서른 살이 되면서부터입니다. 지병으로 인한 임사체험 그리고 변성의식 상태 속에서 '마음 너머'로 가본 경험을 하게 된 후 마음공부 및 수행에 모든 노력을 다해왔습니다. 그동안 아침 기상 시간은 일 년 365일 언제나 5시였습니다. 5시에 하루 네 번 나눠서 하는 수행 중 첫 수련을 시작했습니다.

이렇다 할 직업은 없었지만 그렇게 일반 직장생활하는 사람들 이상으로 긴장 속에서 규칙적으로 생활하며 항상 부지런해야 했습니다. 병원 치료도 받지 않는 상황에서 매일 어김없이 찾아오는 고통을 덜기 위해서는 수련을 그렇게 꼭 의무적으로라도 멈추지 않아야 했습니다. 말하자면 성자들의 가르침을 공부하며 몸과 마음을 닦는 것이 저에게는 식후 30분의 규칙처럼 약을 먹는 것과 다름이 없었습니다. 결국 수행은 어느덧 마치 숨 쉬는 것처럼 자연스러운 일이 되어버렸습니다.

원래 몸을 움직이며 운동하는 것은 좋아하지 않는 편이지만 고통이 계속되자 절박한 심정 속에서 마음공부 외에 몸 수련법도 별도로 배웠고 그 후 그것 또한 지속적으로 해 나갔습니다. 그렇다고 복잡한 고난도의 특별 수련을 한 것은 아니었고 기천문(氣天門)의 육합단공 위주로 몸 수련을 했습니다. 수련 시에 특히 과거 수련하던 중 다친 손과 팔에 최대한 집중했습니다. 마지막 사고에서 깨진 유리 파편으로 인해 손과 팔을 심하게 다쳐 결국 오른손이 조막손 비슷하게 오그라지며 변형되어버렸습니다. 그로 인해 심신의 에너지적 불균형이 매우 심해졌고 부정적 영향을 심각하게 받았습니다.[109)]

그렇게 사고로 오므라든 손가락들을 조금이라도 펴기 위해서 꾸준히, 하루도 거르지 않고 몸 수련을 했습니다. 그러나 갖은 노력을

---

109) 요가에서는 손가락마다 해당하는 차크라가 있다고 설명합니다. 그 외에 한방에서는 722개의 경혈이 손에 있다고 합니다. 또한 뇌과학적으로 보면 뇌의 운동중추 면적의 30%를 손이 차지하고 있고 손에 대뇌피질 중 점유 지역이 가장 많음을 알 수 있습니다. 원래 지병에 더해서 이러한 중요한 역할을 하는 손과 팔의 상처로 인해 몸의 좌우 균형이 깨지고 심신의 고통이 그만큼 클 수밖에 없었다고 여겨집니다.

해도 몸의 변화가 좀처럼 생기지 않았습니다. 이미 굳어서 붙어버리고 경락이 막힌 손가락을 펴기는 결코 쉽지 않았습니다. 그렇더라도 수련을 더 열심히 해 나가는 것 외에는 다른 선택의 여지가 없었습니다. 어떻든 포기하지 않고 수련을 계속해나가면서, 통증이 줄고 상태가 호전되고 있는가를 하루하루 체크해 나갔습니다. 당시 그런 식으로 긍정적 변화를 매일 확인하고 실낱같은 작은 희망이라도 억지로라도 조금씩 만들어가지 않으면 제게 어떠한 미래도 없을 거라는 생각을 했습니다. 오직 내면의 힘을 신뢰하며 그것에 전적으로 의지할 수밖에 없었습니다.

나뭇가지가 모진 비바람에 흔들리고 젖어도 뿌리에 의지해 굳건히 자기를 지켜내듯이 영혼의 뿌리를 절대적으로 믿으며 어려움을 극복해 나갔습니다. 당시 나무뿌리가 나무 전체를 성장시키는 것처럼 영혼의 근본, 그 절대 본체가 나의 삶을 이끌어 간다고 생각했습니다.[110] 즉 '참나의 온전함'[111]이 저 자신을 절대적으로 보호해 줄 것이라는 믿음을 갖고 있었습니다. 이를테면 육체의 탄생부터 유년

---

110) C.G.융은 나무를 자기(Self)의 상징으로 봤습니다.

111) '참나의 온전함'은 이미 내면에 완벽히 마련되어 있고 우리는 늘 '참나의 온전함' 속에 있기 때문에 그 온전함을 자연스럽게 누리고 표현하면 됩니다. 그러나 우리는 '참나의 온전함'을 자각하지 못한 채 에고의 분리감 속에서 그 자유를 즐기지 못하고 있는 것이 현실입니다. 에고를 내려놓고 마음의 한계에서 벗어나야 그 온전함을 누릴 수 있는데, 그러지 못하는 것입니다.

기, 노년기에 이르기까지 나의 성장과 삶을 주관하는 것이 '참나의 온전함'의 힘과 작용이라고 생각했습니다. 그래서 과거 영혼을 불어넣어서 나를 세상에 나오게 한 것이 그 우주를 양육하는 근원의 힘이니 앞으로 영혼을 거두어 죽게 하는 것도 그 절대 근원의 힘이라 보고 모든 것을 거기에 내맡겼습니다.

그렇게 지병과 사고 후유증의 고통을 겪는 가운데 집안 사정까지 악화하면서 자연스럽게 마음공부를 한 내용을 실제 현실적 조건에 적극적으로 적용해나가기 시작했습니다. 그 과정에서 마음의 원리에 대한 이해가 더 명확해지며 더불어 존재의 참모습을 깊이 인식하게 되었습니다. 그제야 마음과의 동일시에서 어느 정도 벗어나면서 진정한 나 자신이 마음 너머의 완전하고 무한한, 한계 없는 존재라는 자각이 확고해질 수 있었습니다.

사실 마음공부를 통해서도 '참나'는 시간·공간을 초월하여 영원하고 무한하다는 것을 직·간접적으로 알고 있었습니다.[112] 거기에 더해 그렇게 삶에 참여해 아픔을 겪는 과정에서 저 자신에 대한 이해가 한층 더 깊어질 수 있었습니다. 그리고 점차 존재의 중심에 뿌리

112) 참나 차원에서 보면 시간도 없고 미래도 없습니다. 즉 참나는 무한하게 매 순간 완벽하게 존재하며 죽음이 없는 에너지의 흐름이라고 보면 될 것입니다.

내리면서 시련을 포함한 그 어느 것에도 매이는 것 없이 자유로울 수 있겠다는, 더 강한 자신감을 가지게 되었습니다.

결국 시간이 흐르면서 자연스럽게 고난과 역경을 포함한, 주어진 모든 상황을 진정한 나를 확인할 수 있는 좋은 기회로 여기는 것이 필요할 것이라는 판단이 들었습니다. 시인 존 키츠(John Keats)는 "삶은 영혼을 빚기 위한 단련의 골짜기"라고 했는데, 삶은 한계로 가득한 학교로서 그 한계를 극복하고 무한하게 되어야만 이 삶의 학교에서 졸업하게 됨을 인정하게 되었습니다.

그동안 리딩 능력이 있는 덕분에 실제로 질서정연하게 움직이는 근원의 작용과 힘이 조화와 균형을 유도함으로써 존재를 치유하고 본연의 나를 만나게 해 주고 있음을 여실히 확인할 기회가 무척 많았습니다. 리딩을 해보면 우주적 질서는 진정한 내가 될 수 있도록 적절한 시기에 필요한 것들을 삶에서 만날 수 있게 해 주는 측면이 있었습니다. 예컨대 차크라 상태가 건강하지 않은 자아중심적인 사람들은 시간이 걸리더라도 나중에는 결국 교만 속에서 고통을 겪었고 변화의 계기를 마련해야 했습니다. 그 외에 명확하지는 않지만 통합된 것이 분리되고 분리된 것이 통합되며 긴장과 이완, 수축과 팽창이 반복되는 영원한 자연의 질서를 직·간접적으로 확인할 수 있었습니다.

그런 것들을 배경으로 해서 '참나의 온전함'을 더 철저히 신뢰하며 제7차크라를 개화하고 궁극의 직관력을 얻기 위해 노력해나갔습니다. 그러면서 자연스럽게 나 스스로 바보가 되는 경지를 지향하게 되었습니다.

국어사전을 보면 '바보'는 "지능이 부족하여 정상적으로 판단하지 못하는 사람을 낮잡아 이르는 말"이라고 풀이되어 있습니다. 그 외에 강풀 화백의 작품인 〈바보〉에서 바보는 순수하고 착하며 희생적인 사람의 뜻으로 사용되었는데 고 김수환 추기경, 고 노무현 대통령[113)]의 별명도 그런 의미의 바보였던 것으로 알고 있습니다. 제가 추구하는 바보의 모습은 후자의 의미에 비교적 가깝습니다.

정확하게 설명하자면, 단순한 바보의 존재 조건을 초월한 '쿨한 바보'처럼 되기 위해 노력하고 있습니다. 말하자면 '쿨한 바보'의 태도는 그동안 마음공부 및 리딩을 통해 확인한 내용 그리고 역경을 극복하면서 체득한 교훈의 최종 결실로서 추구하게 된 것입니다. 즉 제7차크라를 포함한 모든 차크라를 완벽히 열고 궁극의 최상의 직관력을 사용할 수 있으려면 '쿨한 바보'와 같이 되어야 했습니다.

---

113) 고 노무현 대통령은 재임 시절에 제6차크라 에너지를 주로 사용했음을 리딩을 통해 확인할 수 있었습니다. 참고로 저는 아나키즘에 관심이 많고 이른바 '노빠'와는 거리가 멉니다.

기본적으로 '쿨한 바보'에게는 '참나의 온전함'에 대한 절대적 신뢰 속에서 '진정한 바보'다운 무아(無我)의 수용성과 순수함 그리고 '쿨'한 무심(無心)의 현존하는 지혜가 있습니다. '쿨한 바보'는 그냥 바보와 분명히 다른 점이 있습니다. 좁은 식견, 무지로 인해 어쩔 수 없이 외부 조건을 그대로 허용해야 하는 단순한 백치가 아닙니다. '쿨한 바보'는 참자아와 하나가 된 상태에서 천진할 뿐만 아니라 그 무엇에도 얽매이는 것 없이 어떠한 상황에서도 통찰력 있게 적절히 대처할 수 있습니다.

요컨대 제7차크라까지 전부 개화하고 궁극의 직관력을 사용할 수 있는 역량을 갖추려면 진정한 '바보'다움과 '쿨'한 면을 모두 가지고 있어야 합니다. 무아(無我)의 '바보'로서 '있음'의 순수의식을 항상 유지해야 몸과 마음과의 동일시에서 완전히 벗어나면서 모든 차크라를 개화할 수 있습니다.[114] 그리고 매 순간 '쿨'하게 마음을 비우고 무심(無心)해야 무의식적·기계적 반작용이 아닌 의식적 반응을 하며 궁극의 직관력을 사용할 수 있습니다. 그래서 '쿨한 바보'는 '바보'답게 '쿨'하게 무아(無我) 무심(無心)으로서 어떠한 조건에서도 지금 여기에 현존하며 때 묻지 않고 존재 본연 그대로의 상태로 남아 있을 수 있습니다.

---

114) '있음'의 순수의식은 비이원적인, 한정할 수 없는 공(空)의 상태라고 할 수 있습니다.

'쿨한 바보'는 본성과 하나가 되어 진정으로 '바보'답고 '쿨'할 수 있기 때문에 집착하거나 두려워하는 것 없이 순수의식의 빈 마음을 늘 유지하며 그 무엇에도 동요하지 않을 수 있습니다. 그렇게 '쿨한 바보'는 어떤 조건에서도 마음이 흔들리지 않고 물들지 않기 때문에 유연하게 외부 변화에 대응할 수 있습니다. 순수의식을 존재의 중심으로 세우면서 안과 밖 어디로든 활짝 열리며 아무것도 아니면서 동시에 모든 것이 될 수 있습니다.

달리 말하면 '쿨한 바보'는 본디 존재 자체가 그대로 무아(無我) 무심(無心)임에 대한 완벽한 자각을 바탕으로 늘 깨어있으면서 모든 상황에서 직관적으로 적절히 감응할 수 있습니다.

즉 '바보'답게 '쿨'하게 그 무엇도 붙잡지도 거부하지도 않고 사로잡히지 않으면서 늘 순수의식을 유지하며 매 순간 마음을 필요에 따라 알맞게 사용할 수 있습니다. 제대로 '쿨한 바보'다워지면 전체의 흐름과 쉽게 동조·조율·결맞음 하면서 적절한 타이밍·시기에 바라는 것이 나타나고 실현될 수 있습니다.

'쿨한 바보'는 방편으로서 한때의 유행이어서는 안 되고 그대로 존재 방식이 되어야 합니다.[115)] 제대로 '쿨한 바보'가 되면 모든 차크라를 개화하며 이른바 쿤달리니를 각성할 수도 있습니다. 그래서 온전히 '쿨한 바보'다워지면 쿤달리니를 각성한 것과 같이 감정, 생각 등 어떠한 것에도 동일시 없이 무엇이든 그저 지켜보며 수용할 수 있고 일체에 걸림이 없이 자유로울 수 있습니다.

선불교에서 깨달음의 마지막 경지에서 산이 다시 산이 되고 물이 다시 물이 된다고 설명했는데 '쿨한 바보'에게는 눈앞의 현실이 언제나 궁극이자 절대가 될 수 있습니다.

좀 더 쉽게 설명해보자면 제대로 '쿨한 바보'가 된다면 어떠한 결정을 내리든지 '자연스럽게' 전체의 계획, 의도와 일치하고 '저절로' '자발적으로' 주어진 상황과 하나가 될 수 있습니다. 즉 제7차크라까지 모두 개화한 '쿨한 바보'는 언제든 그 순간의 현실적인 필요에 따라서 '직관적으로' '행동하는 바 없이' 행동하며 최상의 적절한 대응을 할 수 있습니다. 이원성이 해체되어 나와 남을 둘로 보지 않는 '쿨한 바보'에게는 완전하고 전체적인 변화 속에서 근원의 통로로서 그저 비개인적인 순수한 움직임만 있다고 할 수 있습니다.

---

115) 타로 카드에서라면 '쿨한 바보'는 마지막 '세계 카드'에 도착해서 승리를 이룬 '바보 카드'의 바보라고 할 수 있습니다. 만약 십우도라면 '쿨한 바보'는 마지막 입전수수(入廛垂手) 경지의 단계에 있는 경우라고 할 수 있을 것입니다.

요컨대 분리의식이 전혀 없는 '쿨한 바보'는 '저절로' '자연스럽게' '자발적으로' 그리고 '직관적으로' 주어진 상황 혹은 대상과 완벽히 결맞음하며 현명하게 대처하는 것이 가능합니다. 결국 모두가 제7차크라까지 모두 개화하고 궁극의 직관력을 지닌 '쿨한 바보'처럼 된다면 타인을 자신처럼 여기면서 서로서로 살리고 도움을 주고받으며 사는 것이 어렵지 않게 실현될 수 있을 것입니다.

많은 현대인은 과거에 대한 기억과 미래를 향한 기대 속에서 마음속에 짐을 쌓아가며 큰 스트레스와 고통을 겪고 있는 것이 사실입니다. 거창한 것이 아니더라도 그렇게 마음의 잡동사니들을 내려놓기 위해서라도 일반인들이 '쿨한 바보'의 태도를 지향하는 것이 필요하다고 할 수 있습니다.

신생아의 차크라에 대하여

막 태어난 아기라도 주로 사용하는 차크라의 위치가 동일하지 않는 등 각자 다른 차크라의 상태를 갖고 태어난다고 설명했습니다. 새로운 삶을 안고 막 태어난 신생아들의 차크라 상태에 대해 좀 더 자세히 이야기해보도록 하겠습니다.

신생아들을 리딩해보면 제6·제7차크라는 균형 잡힌 순일한 파장이 나왔고 완벽히 열린 상태였습니다. 반면에 나머지 차크라들은 열려 있기는 했지만 제6·제7차크라와 같은 조화로운 깨끗한 파장이 나오지 않았고 불완전한 상태에 있었습니다. 신생아들의 제6·제7차크라가 이렇게 온전히 개화되었다는 것은 아기들이 안과 밖, 너와 나의 구분 없이 모든 것을 하나로 인식한다는 의미입니다. 성인의 인식 체계나 지식, 분별력을 갖고 있지는 않지만, 존재 자체에 새겨진 순수한 에너지로 보입니다. 우리는 모두 그러한 기본 조건을 부여받아 태어난다고 생각합니다.

아기들을 일부러 깊은 물 속에 빠뜨려도 아무 두려움 없이 물에 떠서 자유롭게 수영하는 장면을 본 적이 있습니다. 한 살 이전의 영아는 엄마의 양수 안에 있던 습성 때문에 물에 대한 적응력이 높은데, 그래서 그렇게 물에 대해 친근감을 느끼고 수영을 잘할 수 있다고 합니다.[116] 차크라 차원에서 보더라도 아기들의 경우 다른 하위 차크라와 달리 제6·제7차크라가 완전히 개화했기 때문에 그러한 현상은 자연스러운 것이라 할 수 있습니다. 즉 아기들은 제6·제7차크라가 완벽히 열려 있는 상태여서 전체와 분리되어 있지 않음을 느끼며 안전 및 통제의 욕구가 없습니다. 그들은 제한된 생각, 느낌이 없이 물에 대한 무한한 신뢰 속에서 두려워하지 않고 물속에 있을 수 있습니다.

그러나 아기들이 이렇게 수영하는 것은 무의식적으로 하는 것일 뿐이고 실제로 의식적 각성 속에서 알고 하는 것은 아닙니다. 결국 신생아들은 앞의 설명처럼 제6·제7차크라가 온전히 개화되었더라도 나머지 차크라는 개발이 덜 된 상태이고, 실질적으로 전체의 완벽한 차크라 상태를 갖고 있는 것은 아니라고 할 수 있습니다. 즉 모든 차크라가 개화된 성자(聖者)들에 비하면 갓난아기는 아직 완전하게 참나와 하나가 된 경지에 있지 않은 것입니다.[117]

---

116) 물 위에 떠 있는 영아들이 엄마의 양수 안에 있었을 때의 그 한없는 지복의 상태를 느끼는 것은 아닌가 하는 생각을 하기도 했습니다.

117) 영유아들에게서는 크리슈나무르티 같은 성자들처럼 쿤달리니가 각성되어 모든 차크라가 열린 상태에서 나오는 독특한 고유의 파장은 나타나지 않았습니다.

이것은 자아초월심리학자인 켄 윌버가 '전-초 오류'에 대해 설명한 내용과 일치하는 것이라 할 수 있습니다. '전-초 오류'는 전(前, pre)을 초(超, trans)로 오해한다는 것으로서, 켄 윌버는 전이성적인 것과 초이성적인 것을 혼동하는 것에 대해 비판했습니다. 말하자면 '무지'하기 때문에 생사(生死)를 의식할 줄 모르는 아이의 단계(전이성)와 '주체와 객체를 초월'해서 생사에 초연한 경지인 성인의 단계(초이성)를 동일한 것으로 보면 안 된다는 것입니다.

켄 윌버의 지적처럼 갓난아기들에게는 아직 개화하지 못한 나머지 차크라들을 개화하는 등 앞으로 해결해야 하는 과제가 남아있습니다. 말하자면 아기들은 아직 한계가 있는 온전함의 단계에 있다고 할 수 있습니다.[118] 정말로 아기들이 진정한 자아를 회복하려면 제3차크라 단계를 지나며 사회라는 거친 밀림으로 들어가 세상에 오염되고 잘못된 길에 빠지며 자아의 삶을 살아보고 또 자기(에고)를 초월하는 과정을 거쳐야 합니다.[119] 요컨대 제6·제7차크라를 개화했음에도 갓난아이에게 '세계와 하나임'

118) 마하라지는 다음과 같이 설명했습니다. "어린아이의 경우 '내가 있다'는 느낌은 아직 형성되지 않았고 인격은 초보적이라고 할 수 있다. 자기 앎의 장애가 적기는 하나 자각의 힘과 명료함, 그 폭과 깊이가 없다."

은 무의식적 반응일 뿐이고 아직 진정한 '나'를 깨달은 상태는 아니라고 할 수 있습니다.[120)]

아기들이 완전한 자아 완성을 위해서는 이원적 세상에 뛰어들어 죄의 유혹에 대항해 싸워도 보고 에고를 수레바퀴 삼아서 도전과 모험을 하며 나름의 필요한 체험을 해야 합니다. 그 과정에서 일체가 '둘 아님'을 의식하고 근원의 더 높은 필요성에 봉사하도록 배우며 나머지 차크라까지 모두 온전히 개발하는 것이 필요합니다.

---

119) 오쇼 라즈니쉬는 『존재의 향기』에서 다음과 같이 설명했습니다. "보통 아이는 무지하기 때문에 순진하다. 그러나 다시 태어난 사람의 순진성은 그것이 무지가 아니라 순수지성이기 때문에 커다란 가치를 지닌다. 순수함만으로는 무지할 수 있다. 지성만으로는 교활해질 수 있다. 순진성과 지성이 함께 있을 때 그것은 무지도 교활함도 아니다. 삶의 가장 작은 것에도 경탄할 줄 아는 가슴이다. 이 두 가지가 자기실현이라는 궁극의 목표에 이르게 할 것이다."

120) 그것은 조현병 환자가 초월적 경험을 하지만 그 경험을 본인 자신의 삶에 통합시키지 못하는 것과 비슷한 경우일 것입니다.

진짜 쿨함, 진짜 바보다움

본격적으로 강한 의지를 갖고 쿨한 바보다움을 지향하기 전에도 바보답고 쿨한 면은 저에게 서서히 자리해가기 시작했습니다. 30대 초반부터 임사체험 및 변성의식 상태를 반복해서 겪으며 마음 너머의 차원을 직·간접적으로 확인한 이후부터 그렇게 바보답고 쿨한 태도를 자연스럽게 갖게 되었습니다. 즉 눈에 보이는 현실 밖의 더 높고 깊은 질서, 원리가 있음을 이해하며 가능하면 바보답게 나를 내세우지 않고 더 겸허해지려고 노력하게 되었습니다. 그리고 쿨하게 마음을 비우고 모든 것에 대해 어떠한 집착 없이, 보면 보는 대로 들으면 듣는 대로 놓고 지나가려고 했습니다.

쿨하고 바보다워지게 된 배경을 좀 더 설명해보자면, 과거 이른바

'멘붕'을 수시로 겪었습니다. 예컨대 거의 매일 아침 깊은 좌절감 속에서 눈을 떠야 했습니다. 전날 필사적으로 수행을 했음에도 비명에 가까운 큰 신음 소리를 내며 또 경련을 했다는 것을 잠에서 깨면서 직관적으로 알게 되면, 눈물이 나올 정도의 엄청난 절망감을 느꼈습니다. 그렇게 심한 좌절감을 일상적으로 수년간 자주 겪다 보니 주변의 웬만한 일들에 대해 으레 닥치는 문제로 여기며 '바보'답고 '쿨'한 태도를 보이게 되었습니다. 그렇게 바보답고 쿨하게 부정적인 생각들을 깨끗이 놓아버려야 정상적으로 일상생활을 해 나갈 수 있었습니다. 선택의 여지가 별로 없는, 삶이 반강제적으로 저에게 부여한 조건이기도 했습니다. 임사체험을 하며 삶과 죽음의 경계에 있다가 돌아오곤 했던 그 이후부터 저 자신에 대한 앎 외의 다른 것에 별다른 관심이 생기지 않았던 것입니다. 주변의 기대와는 상관없이 좋아하고 잘할 수 있는 일을 찾는 데만 온통 신경을 썼습니다. 영화 연출의 꿈을 접은 이후에도 저 자신에 대해 정확히 알고 남을 추종하거나 모방하지 않으며 나만의 길을 개척해 가야겠다는 의지를 결코 버리지 않았습니다.

그렇게 30대의 시간 대부분을 지병 치유를 위한 수련과 함께 '바보'스럽게 외곬으로 나만의 장점을 확인하고 개발하는 데 온통 전념하며 보냈습니다. 당시 끝까지 고유한 소질과 개성을 살려서 온 맘과 영혼을 바칠 수 있는 일을 하겠다는 강한 신념이 있었습니다. 지금까지 미끄러지는 경험을 많이 하며 아픔을 겪어 왔는데 늘 '쿨'하게 잊어버리고 잠재된 모든 가능성과 능력을 사용하겠다는 의지는 포기하지 않았습니다. 그때는 나만의 재능과 색깔을 드러낼 수 있는 분야를 찾을 수 없다면 나 스스로 나에게 맞는 새로운 영역을 개척해서 만들면 되지 않을까 하는 생각도 했습니다. 결국 시간이 지나면서 나 자신에 대한 보다 명확한 앎이 가능해졌고 어떤 일을 하며 어떤 삶을 선택해야 나답게 진정으로 행복할 수 있는지 조금 더 정확히 인식하게 되었습니다.

그렇게 나를 이해하며 나 자신의 존재에 진실하려고 노력해 온 결과 최종적으로 무의식적으로 별개의 '바보'다움이나 '쿨'함을 오고 가는 것이 아닌 온전한 '쿨한 바보'다움을 적극적으로 지향하게 되었습니다. 제대로 진정한 '쿨한 바보'의 길을 가기 위해 언제나 현존하며 '내가 있음'의 상태에 머물려고 노력했습니다.[121] 말하자면 '쿨한 바보'가 되려고 자아와의 동일시에서 벗어나 순수하고 무한하며 영원한 무형의 의식 그 자체와 동일시하려 했습니다. '쿨한 바보'로서 본디 존재 자체가 무아(無我) 무심(無心)임을 자각하며 그렇게 '있

121) '내가 있음'은 절대의 본성, 참나의 첫 번째 현상화라고 할 수 있습니다. 마하라지는 『아이 앰 댓』에서 '내가 있음'에 대해 다음과 같이 설명했습니다. "마음을 '내가 있다'는 존재의 느낌에 고정하면 '나는 이러이러한 사람이다'가 해소됩니다. 그러면 '주시자일 뿐이다'가 남게 되고 그것도 '나는 모든 것이다' 안으로 가라앉습니다."

음'의 순수의식으로 머물면 애초에 싹을 잘라버리며 불필요한 생각의 기선을 쉽게 제압할 수 있었습니다.[122] 에고는 고통에 대한 두려움과 쾌락에 대한 욕망이 그림자처럼 따라다니는데 '쿨한 바보'가 되어 그런 식으로 순수한 존재로서 현존하면 에고의 부정적 영향을 받지 않을 수 있었습니다.

항상 지금, 여기에 현존하면서 죽은 과거에 대한 집착 그리고 아직 오지 않은 미래에 대한 두려움 혹은 기대감 등이 현재에 영향을 주지 못하도록 마음을 관찰했습니다. 그리고 어떠한 것이든지 그것을 느끼고 생각한 후에는 '쿨'하게 미련, 집착 등 아무런 자취, 흔적을 남기지 않으며 내려놓고 다시 제자리인 '바보'다운 '있음'의 순수의식으로 돌아왔습니다.[123]

조금 더 구체적으로 설명해보자면 어떠한 경험을 하든지 그 경험으로 영향을 받지 않는 배경, 여백이 되는 본연의 순수의식에 집중하며 외부 상황에 대처해 왔습니다. 늘 깨어있음 속에서 지금, 여기에 현존하며 모든 생각과 감정 그리고 깨어있음 그 자체까지도 가능

---

122) 이것은 수행의 계단을 세우지 않고 '한 생각이 나지 않음이 곧 부처'임을 깨닫는 불교의 돈교(頓教)의 원리와 유사할 것입니다.
123) '쿨한 바보'의 태도를 일상에서 실천하는 것은 결국 평소 삶에서 위빠사나 명상이나 마음챙김 명상을 생활화하는 것과 같습니다.

하게 하는 '있음'의 배경의식의 입장에 있으려 했습니다. 보고 듣고 경험하는 모든 것이 에고로서의 나가 아니라 내면의 궁극적 주시자로서 참나임을 인지하며 무엇을 하든지 마음 너머의 지켜보는 자로 남아있으려 했습니다.

예를 들어 듣거나, 먹거나, 걷거나 할 때 항상 생각 이전의 자리 즉 '있음'의 순수의식을 염두에 두며 참나의 입장에서 초연하게 거리를 두고 바라보려 했습니다. 그렇게 일상생활을 하며, 여전히 마음이 움직이지만 언제나 '쿨한 바보'로서 '내가 있음'을 항상 자각할 수 있게 되면서 점차 상위 차크라의 각성과 함께 직관이 더 정확해졌습니다. 즉 '있음'의 순수의식이 계속 유지되면서 '한마음'의 전체 의식과의 연결이 수월해졌고 결과적으로 제6·제7차크라가 각성하며 더 정확한 직관력이 생겼습니다.[124]

차크라 및 직관력 개발을 위해서라도 '쿨한 바보'로 항상 순수의식 속에 있으면서 에고의 습관적 패턴으로 반응하지 않는 데 계속 집중하고자 했습니다. 늘 생각의 차원이 아닌 '있음'의 차원에 머물면 집착, 두려움 등 에고의 왜곡 없이 주어진 모든 상황에 적절히 대

---

124) 그러한 '있음'의 순수의식이 깨어있을 때뿐만 아니라 꿈꾸는 상태 그리고 꿈 없는 깊은 잠의 상태에서 모두 존재할 수 있게 되면 제6·제7차크라가 완전히 열릴 수 있습니다.

처할 수 있었습니다. 즉 '쿨한 바보'가 되어 무아, 무심 속에서 항상 '있음'을 자각하면 어떤 조건에도 들어맞고 현명하게 반응할 수 있습니다. 나의 참된 상태는 마음이 생기기 전이라 할 수 있는데 기본적으로 마음은 실제적 존재성이 없고 모두 거짓이라고 보면 됩니다.

삶 자체는 나누어져 있지 않고 있는 그대로 온전하지만, 마음은 분리하면서 제한적으로 바라보고 그 자체에 한계가 있다고 할 수 있습니다. 지혜, 통찰, 사랑 그리고 궁극의 직관력도 생각이 없을 때만 존재하는 것이라고 할 수 있습니다.

그렇게 마음을 내려놓고 '있음'의 순수의식 속에서 태풍의 눈 혹은 만다라의 중심[125)]처럼 텅 빈 채 있으면 외부의 무궁한 변화에 항상 적절히 대처할 수 있습니다. 그런 식으로 하면 선불교 선사들처럼 순간순간을 살며 고정된 태도 없이, 어느 그릇에 담기느냐에 따라 그 형태가 변하는 물과 같이 주어진 조건에 따라 알맞게 변신하고 감응할 수 있습니다. 지금, 여기에 현존하면서 '있음'의 상태를

---

125) 분석심리학에서, 중앙은 전체 정신의 자리이며 개성화 또는 자기실현의 목표가 된다고 설명하고 있습니다. 그 중심에서 반대·대립하는 것이 하나가 된다고 합니다. 그 상태는 동양철학의 중용(中庸)과도 관계가 있습니다. 도올 김용옥 선생은 『중용, 인간의 맛』에서 중용에 대해 다음과 같이 설명했습니다. "중용이란 양단의 중앙이 아니라 모든 극단의 상황들을 충분히 고려해보고 그 숙성된 상황변수 속에서 자연스럽게 우러나오는 결단이다." "중(中)이란 중간이 아니라 모든 상황에 대한 원융한 구심점 같은 것이다."

유지하는 만큼 변화하는 현실 속에서 조금 더 쉽게 원융한 구심점을 찾고 순간순간 역동적으로 대응하면 시시각각 새롭게 사는 것이 가능합니다.

마음공부와 수행을 계속해나가면서 내면의 본성에 대한 이해가 더 깊어질 수 있었습니다. 그러면서 결국 진정한 자아가 마음 너머의 영원하고 무한한 완전한 존재임을 더 철저히 믿게 되었고 '쿨한 바보'로서 순수의식 속에 있기 수월해졌습니다. 예컨대 마치 거울이 스스로 개입하는 일 없이 앞에 있는 것만 비추듯이, 어떤 일이 생기더라도 '바보'답게 현존한 채 그것이 일어나도록 허용하고 그 이후 '쿨'하게 그것을 놓아버리는 것이 어렵지 않게 되었습니다.

점차 '쿨한 바보'로서 소심하거나 옹졸하지 않을 수 있게 되었습니다. 어떤 문제든지 '닥쳐올 테면 와 봐라' 하는 태도로 그 무엇에 대해서도 심각하게 고민하거나 겁내지 않게 되었습니다. '참나의 온전함'에 대한 깊은 이해와 믿음이 있고 '쿨한 바보'로서 순수의식에 대한 명확한 자각이 가능한 만큼 그 무엇에 대해서도 두려워하거나 집착하지 않고 불필요한 생각을 내려놓을 수 있었습니다.

또한 본성을 신뢰하며 언제나 순수의식을 유지하고 균형 잡힌 차크라 상태에서 고도의 직관력까지 사용하게 되면서 당장 하늘이 무너진다고 해도 움츠러들지 않을 정도로 담대해질 수 있었습니다. 설령 주위에 안 좋은 일이 생기더라도 '쿨한 바보'답게 순수의식 속에서 현존하면서 직관을 따르면 별다른 문제 없이 어려움을 극복할 수 있었습니다. 사실 진정한 자아의 불멸성과 완전성 즉 '참나의 온전함'에 대한 믿음만 완벽해져도 죽음에 대한 공포를 후려쳐버리고 낭떠러지를 향해서도 흔쾌히 걸어갈 수 있을 정도로 대범하게 될 수 있습니다.[126)]

저의 경우 임사체험 및 변성의식 상태에서 죽음을 이미 몇 차례 뼛속 깊이 체험했지만 그래도 오랫동안 죽는 것에 대한 두려움이 남아있었습니다.[127)] 죽음의 문턱에 서는 그러한 체험 외에도 마음공부 및 수련을 한 이후 이미 진정한 나 자신이 완전하고 어떠한 한계 없이 자유롭다는 깊은 깨침을 얻기도 했습니다. 그러나 가족 등 사랑하는 사람들과의 이별이 싫고 소울 메이트를 만나고 싶은 마음이 있

---

126) 대행 스님이 젊은 시절에 실제로 '주인공'에 대한 신뢰 속에서 마음의 소리를 듣고 절벽으로 뛰어내리셨던 것으로 알고 있습니다. 대행 스님처럼 그럴 수 있으려면 실질적으로 제7차크라를 온전히 개화해서 에고로서의 '나'를 완벽하게 버리고 생사를 초월한 경지가 되어야 합니다.

127) 임사체험 후에 인격의 변용이라 할 만큼 세계관·인생관이 확장되지만, 그것으로 인해서 곧바로 이원성이 소거되면서 성자들처럼 되고 자아 완성을 할 수 있는 것은 아닙니다. 임사체험의 교훈을 삶에서 꽃피우려면 지속적인 자기 수양과 함께 나름의 노력을 또 별도로 해 나가야 합니다. 그런 점 때문에 임사체험으로 유명한 사람들의 차크라 상태를 확인해 보면 일반인들보다 양호하기는 하지만 성자들만큼 월등히 좋지는 않았습니다.

는 등 집착 또는 미련을 두는 것들이 남아있어서인지 죽음을 완벽하게 수용하지 못했습니다. 오랜 시간 어려움을 겪고 지병의 치유를 위해 노력하며 '거짓된 나'가 죽고 새로 태어나는 과정을 거듭거듭 거치고 나서야 비로소 죽음을 자연스럽게 받아들일 수 있게 되었습니다.

가난의 시련과 함께 특히 지병을 완치하기 위해 계속 분투해오면서 노력을 통하여 노력 없음에 도달하는 단계까지 이르게 될 수 있었습니다. 그러면서 마침내 모든 것을 근원의 힘에 '내맡김' 하게 되었습니다. 이제 분리된 자아의 입장에서 애쓰고 노력하는 것을 완전히 포기하고 절대적인 근원의 통로로서 모든 것을 '행동함이 없이' 행동하려 했습니다. 말하자면 오랜 시간 할 수 있는 거의 모든 노력을 다한 후 결과적으로 죽기 전에 먼저 죽은 것처럼 될 수 있었습니다.

그러한 체험을 하며 저 자신의 한계를 계속 넘고 극복해오면서 저 자신에 대한 이해가 한층 더 명확하게 이루어졌습니다. 그러면서 앞서 설명했듯이 '참나의 온전함'에 대한 거의 절대적 신뢰가 생기며 마침내 죽음에 대한 저항감이 사라졌습니다. '완치하려면 기적이 필요한 것이 아닌가?' 하는 자문을 자주 했을 정도로 치유하기 힘든 병을 이겨내는 과정에서 '거짓 나'는 산산이 부서질 수 있었습니다.

그 결과 배후에서 나를 인도해주는 참자아에 대한 철저한 이해와 믿음이 생겼습니다. 동시에 언제나 '쿨한 바보'로서 순수의식 속에 있을 수 있게 되면서 자연스럽게 죽음에 대한 거부감이 줄어들었습니다.[128]

그동안 제 주위에는 죽음을 두려워하지 않는다고 말하는 사람들이 꽤 있었습니다. 그러나 그들의 경우 일반인이 모르는 윤회, 사후세계에 대한 많은 배경지식 혹은 현실과의 불화로 인한 도피심리 등으로 죽음에 대해 수용적이었던 것이지, 자기 초극에 성공해서 그런 것은 아니었습니다. 죽음을 '쿨'하게 받아들이려면 실질적으로 자아중심성을 해체하고 몸과 마음과의 동일시에서 완벽하게 벗어나야 합니다. 그렇게 삶과 죽음에 대해서조차 '쿨'하게 분별하지 않고 수용하며 모든 이원성에서 완벽하게 벗어나면 일곱 개의 모든 차크라를 개화하며 대자유인이 될 수 있습니다. 요컨대 분리된 자아의식을 모두 극복하고 '참나의 온전함'에 '내맡김' 하며 결국 그것과 하나가 되어야 일곱 개 차크라의 개화와 함께 죽음을 초월할 수 있습니다.

---

128) 사실 모든 두려움은 결국 죽음에 대한 두려움과 연관되어 있다고 할 수 있습니다. 그렇게 죽음에 대한 저항감이 없는 만큼 웬만한 일은 크게 걱정하지 않고 두려워하지 않게 되었습니다.

저의 경우 결국 무아, 무심의 '쿨한 바보'로서 내가 사는 것이 아니라 근원이 나를 통해 사는 것이라는 생각을 가지게 되었습니다. 근원의 힘과 작용에 대한 자각과 신뢰가 깊어지면서 '쿨한 바보'로서 그 '참나의 온전함'에 '내맡김' 하는 것이 일상화되었습니다. 그런데 그렇게 '참나의 온전함'을 믿고 '내맡김' 한다는 것은 결국 앞에서 설명한 '있음'의 순수의식을 늘 유지하는 것을 말합니다. 말하자면 마음 너머의 '있음'의 순수의식은 고통과 즐거움도 존재하지 않고 온전한 평화로움만 있는 상태에서 영속적으로 매 순간 완전하게 존재한다고 할 수 있습니다.

과거부터 현재까지 외부의 환경은 변했지만, 그 '있음'의 순수의식은 그대로 현존하고 있고 또 앞으로도 계속 현존할 것입니다. 그 '있음'의 순수의식의 근원은 '한마음'의 전체의식이라고도 할 수 있습니다.[129] 언제나 현존하면서 '있음'의 순수의식에 있는 것이 우리에게 영원한 생명을 준다고도 할 수 있습니다. 이를테면 '쿨한 바보'

---

129) 절대자는 그 자신을 모릅니다. 참나, 절대의 근원은 그 어디로부터 분리되지 않았고 일체가 그것이므로 그것을 객체로 인식하는 것이 불가능합니다. 다만 현존하며 순수의식의 '내가 있음'을 경험함으로써 간접적으로 그것을 알아챌 수 있을 뿐입니다. 결국 참나와 완벽히 하나가 되기 위해서는 궁극적으로 그 순수의식으로서 '내가 있음'의 상태마저도 초월해야 합니다. 즉 순수의식으로서 '내가 있음'의 상태가 참나 그 자체는 아닙니다. '내가 있음'의 너머에서 그것을 가능하게 해 주는 최후의, 절대의 배경의식이 진정한 나라고 할 수 있습니다.

로서 늘 지금 여기 현존하면서 순수의식을 유지하는 것이 '한마음'의 전체의식으로서 참나에 접속시켜주는 훌륭한 방편이라고 할 수 있습니다.

저 자신에 대한 앎이 명확해지면서 현재, 과거 스스로에 대해 한계를 두고 제한된 존재로 인식하던 것에서 벗어나 자신만만하게, '쿨한 바보'답게 되어서 더 자유자재할 수 있도록 노력하고 있습니다. 걷다가 넘어지더라도 다시 일어나서 툭툭 털고 가던 길을 갈 수 있는 것처럼 어떠한 역경을 겪더라도 '쿨'하게 훌훌 털어버리고 '바보'처럼 한 번 크게 웃으며 이겨낼 수 있는 나름의 깜냥을 키우려 하고 있습니다. 그리고 되는 것은 되는 대로 놓고, 안 되는 것은 안 되는 대로 '바보'답게 '쿨'하게 모두 놓아버리려 합니다.

즉 내가 할 수 있는 일은 '바보'답게 순수의식의 '주시자'로서 '행동함이 없이' 행동하고, 스스로 할 수 없는 일은 '참나의 온전함'에 '쿨'하게 '내맡김' 하는 것입니다. 제대로 '쿨한 바보'가 된다면 제7차크라의 개화와 함께 궁극의 직관력을 얻어 행복이든 고난이든 뭐든지, 오면 오는 대로 가면 가는 대로 의연하고 당당하며 무애(無礙)할 수 있습니다. 그러한 만큼 '쿨한 바보'로서 이제 어떠한 삶의 도전에도 동요하며 굴하지 않고 두려움 없이 불확실한 세상으로 뛰어드는 것이 필요할 것입니다.

칼라 차크라(Kala Chakra) 관정 의식

티베트 불교에서는 음인 지혜와 양인 자비가 결합해 하나가 되는 상태, 즉 삶의 작은 음양들로 구성된 인간이면서 내면의 가장 큰 음양이 조화롭게 하나로 존재하게 되면 그것을 열반으로 봅니다. 이것을 시각적인 형태로 나타낸 것이 칼라 차크라 만다라입니다. 칼라(Kala)는 시간을 뜻하며 차크라(Chakra)는 바퀴, 만다라(Mandala)는 티베트 불교 상징을 그림으로 나타낸 것인데, 불교적 가르침과 실천을 강조하며 4년마다 한 번씩 대법회를 열고 이를 칼라 차크라 관정 의식이라 부릅니다.

칼라 차크라 법회는 1954년 티베트의 수도 라싸(Lhasa)에 있는 여름 궁전에서 처음 열렸고, 중국의 침략이 있고 난 뒤 1959년 달라이 라마의 인도 망명 이후부터는 인도 내 불교와 밀접한 관련이 있는 지역 등에서 개최되고 있습니다. 주로 인도에서 행해지던 법회는 미국, 캐나다를 비롯해 유럽까지 확대되고 있는데, 가르침의 내용만 본다면 불교적으로 상당한 깊이와 넓이가 있습니다. 그럼에도 티베트 불교에서는 전통적으로 대중 앞에서 이 법회를 열고 있으며, 법회가 시작될 때 관정 의식 주재자인 달라이 라마는 이렇게 말합니다.

"이 칼라 차크라 관정 의식 자리에 모인 수천수만의 인도인, 티베트인, 외국인, 티베트 불교의 승려, 다른 종교인, 어린아이부터 노인까지 그리고 이 현상계에 모습을 드러내지 않은 영혼들까지 붓다의 가르침에 귀를 기울이고 그것을 깨달음의 기회로 발현하기 위해서 세상에 나아가 자비와 사랑을 실천하시기를 기원합니다."

종교의 지도자로서 사람들에게 종교적인 가르침을 전달하는 한 사람의 승려로 볼 수도 있지만 우리 눈에 보이지 않는, 그래서 물질세계에 존재하지 않는다고 여겨지는 영혼들까지 배려하고 모이게 하는 힘은 아무나 보여 줄 수 있는 게 아닐 것입니다. 누구나 단순한 한 문장의 말로 표현할 수 있을지언정 그 안에 진실한 힘을 담을 수는 없습니다. 온전히 개화된 차크라를 쓴다는 것이 이런 힘을 느끼게 해줍니다.

가장 평범하고 가장 비범한

20대 중반부터 갖고 있었던 궁극의 직관력에 대한 의문은 그동안 마음공부 외에도 실제 삶의 현장에서 에너지적 리딩을 하고 '쿨한 바보'의 태도를 지향해 가면서 상당 부분 해소되었습니다. 사실 궁극의 직관력의 비밀은 마음공부를 통해서도 어느 정도 파악할 수 있었습니다. 거기에 더해 특히 '쿨한 바보'의 길을 가며[130] 차크라 리딩까지 하면서 비로소 궁극의 직관력에 대한 비밀을 대부분 확인할 수 있게 되었습니다.

130) 마크 헤드슬이 쓴 『젤라토르』라는 책을 통해 과거 서양 신비주의에 '바보의 길'로 불리는 구도의 여정이 있었음을 알 수 있었습니다.

결국 '쿨한 바보'의 길 그리고 차크라의 개화 모두 전체의식을 갖는 것과 관계되어 있다고 할 수 있는데 그것은 궁극의 직관력 역시 마찬가지였습니다. 즉 궁극의 직관력을 얻기 위해서도 참나와 하나가 되며 전체의 마음과 조화·일치하는 것이 중요했습니다.

그동안 리딩을 해오면서 우리의 마음이 일상적 마음 너머에서 '한마음'으로서 하나이고 내 마음은 나만의 것이자 모두의 것임을 일상적으로 자주 확인할 수 있었습니다. 여러 리딩 사례를 분석하면서 그렇게 존재의 뿌리에서 우리는 이미 하나인 만큼 나와 남을 둘로 보지 않으며 진실하면서도 사랑하는 마음을 가져야 한다는 것을 자각하게 되었습니다. 시간이 지나면서 결국 '쿨한 바보'의 길, 차크라의 개화 그리고 궁극의 직관력의 사용에 있어 인간의 가장 자연스러운 원초적 마음이라고 할 수 있는 진실하고 사랑하는 마음을 갖는 것이 기본적으로 중요함을 알게 되었습니다.

그런 점에서 그동안 '쿨한 바보'로서 차크라 및 궁극의 직관력을 각성·개발하는 데 있어 먼저 삶의 근원인 가족들에게 열린 마음으로 진실과 사랑을 실천하는 데 특히 주의를 많이 기울이게 되었습니다.

저의 경우 과거 가족 간의 특별한 관계를 확인할 수 있는 체험을 많이 했습니다. 예를 들어서 차크라 리딩 상담을 하면서 가족들끼리 영적으로 긴밀하게 연결되어 있고 그 관계 속에서 가족 구성원이 서로 큰 영향력을 끼친다는 것을 명확히 확인할 수 있었습니다.[131] 보통 상담 의뢰자 본인의 차크라 상태가 양호하면 나머지 가족들 모두의 에너지적 상태가 좋고 영적 성숙도가 높았습니다. 그렇게 가족들끼리 비슷한 수준의 차크라 상태를 공유했습니다.

상담을 해오면서 본인 자신이 참자아의 뜻에 따라 참되고 바르게 살면 나머지 가족들도 긍정적 영향을 받고 올바른 방향으로 나아갈 수 있다는 것을 분명히 알 수 있었습니다.[132]

리딩 상담 외에도 과거 변성의식 상태 및 임사체험 속에서 가족 간의 깊은 영적 유대관계를 확인할 수 있었던 기회가 여러 번 있었습니다. 목숨을 잃을 수도 있는 위급한 상황에서 부모님이 항상 곁에 계셔서 직·간접적으로 도움을 주셨습니다. 예컨대 과거 병원에서 뇌전증 중첩 증세로 처음 임사체험을 했을 때 어머니와의 깊은 영적

---

131) 상담을 계속해오면서 온전한 가정에서 정상적인 유년 생활을 보낸 사람이 생각보다 많지 않다는 것을 확인하고 매우 놀랐습니다. 어린 시절 부모의 이혼, 불륜, 폭력, 편애 등으로 인해 트라우마를 갖게 되어 성인이 된 이후에도 부정적인 영향을 심각하게 받고 있는 사람이 의외로 많았습니다. 그러한 사실들을 알게 되면서 그동안 정상적인 가정에서 부모님으로부터 사랑을 듬뿍 받으며 자랐다는 사실에 깊은 감사의 마음을 갖게 되었습니다.

132) 가족관계의 중요성을 이해하게 되면서 리딩 상담할 때 상담 신청자 외에 나머지 가족들에 대한 리딩도 높은 중요성을 두고 항상 병행했습니다.

연결성을 확인할 수 있었습니다. 당시 병원에서 극심한 고통 속에서 하루 정도 의식을 잃고 있다가 어머니가 부르는 목소리를 듣고 깨어났습니다. 처음 눈을 뜬 후 바라본 세상은 과거와 다르게 뭔가 확연히 달라져 있었습니다. 주변 사람들 그리고 그들이 입은 옷, 이불, 벽 색깔 등 모든 것이 맑고 깨끗하며 매우 생생하고 또렷하게 보였습니다.

특히 어머니의 목소리를 듣고 눈을 뜨면서 처음으로 본 것이 미소 짓는 어머니의 얼굴이었는데 그 얼굴이 너무나 밝으면서도 고결하고 신성하게 느껴졌습니다. 어렴풋이 어머니 얼굴에서 환한 빛 같은 것이 보이기도 했고 평소의 어머니 모습이 아니었습니다. 압도적인 신비감 속에서 마치 천사 혹은 성모 마리아를 눈앞에서 보는 듯했습니다. 주변을 둘러보면서 혹시 내가 죽어서 다른 차원에 새로 태어난 것은 아닌가 하고 수차례 자문해 보기도 했습니다. 그 후로 20년 정도 지났지만, 말로 표현하기 힘들 정도의 그때의 성스럽고 자애로운 어머니 모습이 아직도 뇌리에 명확히 남아있을 정도입니다. 이 체험 이후 어머니와 단순한 모자 관계가 아닐 수 있다는 생각을 처음 했고 더 종교에 관심을 두며 영성에 눈뜰 수 있게 되었습니다.[133)]

역시 목숨을 잃을 수도 있는 급박한 상황에서 아버지의 도움 또한 컸습니다. 병원에서 의식을 잃고 모든 것을 포기하려는 순간을 경험한 적이 있었는데, 그렇게 위급한 상황에서 아버지가 평소 조언해주셨던 내용을 무의식적으로 상기하고 의지를 벼리며 의식을 겨우 회복할 수 있었습니다. 20대에는 아버지에게 비교적 자주 조언을 구했는데 그때마다 아버지는 피로에도 불구하고 거의 항상 밤을 새우다시피 하며 새벽까지 친절하게 상담해주셨습니다.[134] 결국 아버지의 사랑이 담긴 충언이 오랜 기간 계속 무의식에 각인되며 축적되었고, 그것을 바탕으로 위태로운 상황에서도 용기를 얻으며 소생의 계기를 마련할 수 있었습니다. 당시 의식을 잃고 생사의 경계에 있었을 때 신기하게도 평소 아버지가 해 주셨던 많은 조언의 내용들이 무의식적으로 하나하나 계속 끊임없이 떠올랐습니다. 그리고 그것이 고통 속에서 단념하려는 것을 끝까지 막으며 강한 버팀목으로 대단한 힘을 주었습니다.

그 시기에 부모님과 텔레파시 같은 것이 통해서 서로 무의식적으

---

133) 앞 장에서 설명한, 30대 중반에 있었던 유리 때문에 크게 다친 사고는 이 경험과도 관계가 있습니다. 사고 당시 '어머니와 다음 생에서 모자 관계로 다시 만나기를 원한다면 유리창을 향해 뛰어가라'라는 환청을 들었고 직접 그것을 실행에 옮겼습니다. 그때 환청의 내용대로 하면 자칫 죽을 수도 있다는 것을 알고 있었지만 큰 망설임 없이 유리창을 향해 달려가 몸을 던졌습니다. 평소 어머니로부터 일방적인 사랑을 받아오면서 갖게 된 어머니의 사랑에 대한 이기적인 집착 그리고 병원에서 이러한 일을 겪은 후 생긴 어머니에 대한 신뢰가 그런 위험한 결정을 하는 데 영향을 주었다는 생각이 듭니다.

134) 당시 아버지는 『적극적 사고방식』의 저자 노먼 빈센트 필의 가르침의 내용을 많이 이야기해 주셨습니다.

로 감응하며 소통하는 여러 경험을 하기도 했습니다.[135] 실제로 부모님 모두 초감각지각능력을 담당하는 에너지 센터가 발달해 있는데, 그러한 체험들이 단순한 우연은 아니라고 보고 있습니다. 그런 일들이 설사 우연의 일치였을지라도 그동안 부모님을 통해서 근원으로부터 오는 절대적 사랑의 힘을 무의식 깊숙이 온몸으로 느껴왔던 것이 사실입니다.

독일의 심리학자 버트 헬링거는 본인이 만든 심리 치료법 '가족 세우기'를 통해 가족은 공동의 영혼으로서 가족 간에 영적인 장이 형성되며 함께 연결되어 있어 그 장 내에서 서로 공명함을 주장했습니다.[136] '가족 세우기'에서는 특히 가족 간의 운명적 연결에 대해 강조하며 그 영적인 끈이 죽은 사람들과 살아있는 사람들의 영혼을 포함한 공동영혼으로까지 확장된다고 이야기합니다.

저 역시 계속 강조해왔듯이 모두의 마음이 영혼의 근원 차원에서

---

135) 지금도 부모님과 텔레파시가 통하듯이 서로 감응하고 있다는 것을 느낄 때가 있습니다. 예를 들면 저녁 즈음에 반찬으로 뭔가 먹고 싶은 것을 생각하면 실제로 어머니가 그 반찬을 식탁에 내놓는 경우가 종종 있었습니다. 그 외에도 위험한 지경까지 갈 수도 있는 상황에 있을 때 미리 부모님으로부터 예상치 못한 전화를 받고 원래 계획을 포기하여 위험에서 벗어난 적도 있었습니다.

136) 버트 헬링거의 '가족 세우기'에서 타인은 우리가 전체로 통합해야 하지만 아직 보지 못하는 개인성의 측면을 보여 주는 거울이라고 설명하고 있습니다.

는 '한마음'의 일심(一心)으로서 서로 긴밀하게 연결되어 있을 거라고 보고 있습니다. 일반인들도 그러할진대 특히 피를 나누고 함께 생활하는 가족 간의 '한마음'의 유대관계는 분명히 상상 이상으로 깊고 특별할 거라고 생각합니다. 어쩌면 부모를 포함한 가족 간의 관계는 신과 인간의 관계를 상징하는 원초적인 원형일 수도 있을 것입니다. 그런 점에서 나의 근원으로서 부모가 가진 결점을 수용하고 부모를 있는 그대로 존중하며 진심으로 존경하는 것은 신성한 영적 행위일 거라고 봅니다.

기본적으로 가장 가깝고 원초적 인연인 어머니, 아버지, 동생을 돌보며 감동시키거나 존경을 얻지 못하면서 남모르는 타인들에게 사랑받고 인정받는 데는 결과적으로 한계가 있을 것입니다. 말하자면 부모, 형제, 자매는 또 다른 '나'로서, 그들과의 진정성 있는 관계를 통해 진실과 사랑을 배우고 실천하며 진정한 나 자신을 확인하는 과정이 꼭 필요할 거라고 봅니다. 그렇게 가족 간에 더불어 돕고 함께 온전함에 이르도록 노력하며 에고로부터 가족으로, 사회로, 세계로 그리고 근원과의 합일에 이르기까지 정체성을 점차 확장하는 것이 중요할 것입니다.

그렇게 가족 간의 크고 작은 일들을 겪으며 평범한 삶의 관계를 이해하고 수용하는 과정에서 '쿨한 바보'의 길을 가며 직관과 차크라를 각성시킬 수 있었습니다. 본연의 '나'답게 되는 것과 관계된 '쿨한 바보', 차크라 그리고 궁극의 직관력의 상태는 백 점 만점을 맞고 특별한 위치에 오르는 것과 관계없다고 할 수 있습니다.

예를 들어 차크라의 경우 제7차크라까지 모두 개화하면 완전무결해진다기보다는 현실의 결함을 감내하며 적절히 대응할 수 있는 내면의 온전한 조화·균형 상태를 갖추게 된다고 볼 수 있습니다. 차크라 및 직관력의 개발 그리고 '쿨한 바보'의 길에 있어서 그 궁극의 경지도 저 멀리 신비의 세계에 가야만 하는 것이 아니고 일상적 생활을 하면서도 도달할 수 있습니다.

요컨대 차크라든 직관력이든 '쿨한 바보'든 생활 현장에서 가족이든 주변 사람들과 진실한 마음을 갖고 사랑으로 소통·교류하는 과정에서 자연스럽게 각각의 이상적 상태에 이를 수 있습니다.

사람들은 대부분 세상이 온갖 부조리, 불합리, 모순 등으로 가득 차 있다고 생각합니다. 그런데 리딩을 통해 실제적 현실과 눈에 보이지 않는 이면 세상까지 같이 들여다보면 세계는 그 자체의 크고 깊은 법칙에 의해 늘 조화와 균형을 이뤄가며 유지되는 듯 보였습니다. 즉 우리는 이미 완벽한 조건을 갖춘 채 모든 순간 모자람 없는 온전한 OK 상태 속에서 보고 듣고 말하며 생활하고 있음을 알 수 있었습니다. 그동안 그렇게 눈에 보이는 현실 세계의 배후를 리딩하면서 시계의 톱니바퀴처럼 정교하게 맞물려 돌아가는 근원의 치밀한 질서, 그 여여(如如)한 실상을 직·간접적으로 확인할 기회가 많았습니다.

요컨대 진실하고 사랑이 깊은 사람, 바르고 양심적으로 사는 사람, 이타적이고 배려심이 있는 사람 등 전체와 융화된 사람들은 조화롭고 균형된 차크라 상태를 공통적으로 갖추고 있었습니다. 긴 시간을 두고 관찰해보면 그들은 별다른 잘못되는 일 없이 각자 나름의 행복을 누리고 있었습니다. 반면에 전체와 불협화음을 내며 타인에게 피해를 주고 강한 자아중심적 성향을 지닌 사람들은 차크라 간에 균형이 깨져 있었고 결국 고난을 겪으며 사회에서 도태되는 경우를 흔히 볼 수 있었습니다. 일일이 리딩을 하며 모두 확인해 본 것은 아니지만 그동안의 리딩 사례를 통해 그렇게 근원의 작용은 늘 완벽한 질서 속에서 꼭 필요한 방식으로 펼쳐지고 있음을 이해할 수 있었습니다. 현자들이 이야기하듯이 '참나의 온전함' 속에서 올 것들은 오고 갈 것들은 가는 등 모든 현상은 나름의 목적에 따라 일어나야만 하는 그대로 정확하게 일어나고 있음을 알 수 있었습니다.

사람들은 보통 자기 외부에서 안정성, 확실성을 찾아서 분투합니다. 그런데 저의 경우 앞서 언급했던 특별한 경험들 및 여러 리딩 사례를 통해 저 자신에 대한 이해가 깊어지면서 이미 그런 것들은 내면에 존재하고 있음을 명확히 깨달을 수 있었습니다. 그렇게 이미 늘 내재하고 있는 '참나의 온전함'에 대한 자각과 믿음이 강해지면서 나 자신 그리고 특히 삶에 대해 철저한 신뢰가 생겼습니다. 그러면서 자연스럽게 살아가면서 체험하게 되는 불행한 일은 더 반성하며 뉘우치고, 기쁜 일에는 더 깊이 감사한 마음을 가지게 되었습니다. 그 후 무엇을 하든지 내가 하는 것이 아니라 근원이 나를 통해서 하는 것이라고 여기며, 근원의 통로로서 모든 것을 '행동하는 바 없이' 행동할 수 있도록 더 노력했습니다.

앞서 부모님이 죽을 수도 있는 치명적인 상황에서 큰 도움을 주셨다고 설명했는데 나중에는 참나, 근원 자체가 나의 진정한 어머니 아버지로서 나를 배후에서 완벽하게 보살펴 준다는 생각을 하게 되었습니다. 말하자면 지금까지 계속 강조해온 '참나의 온전함'은 내 안에서 나를 위해 힘써주고 보호해 주는 근원의 부모님의 사랑 그 자체라고도 할 수 있습니다.

결국 시간이 흐르면서 '참나의 온전함'에 대해 절대적 믿음을 갖고 그것에 모든 것을 '내맡김' 하게 되었습니다. 심지어는 모순되어 보이는 것조차 수용하며 삶이 주는 모든 일에 마음을 열어놓고 감사한 마음으로 받아들이려 했습니다.

깊은 바다에서도 수영을 잘하는 사람은 바다를 신뢰하며 바닷물과 싸우지 않고 긴장하는 일이 없습니다. 그렇듯이 있는 그대로의 틀림없는 질서와 작용에 대해 깊은 앎과 신뢰가 있는 만큼 삶을 통제하려는 의도를 내려놓고서 두려워하거나 욕심을 내며 무리한 시도를 하지 않으려 했습니다.

그렇다고 해서 주어진 조건에 대해 아무런 판단, 저항 없이 수용하며 백치처럼 멍한 채 마냥 수동적이었던 것은 아닙니다. 눈앞의 현실은 강물처럼 끊임없이 변하고 있는 만큼 매 순간 깨어있는 의식으로 새롭게 변화된 것에 따라 적절히 대응하지 않으면 안 됩니다. 그래서 '쿨한 바보'로서 늘 '내가 있음'의 순수의식 속에서 의식적으로 예민하게 깨어있으면서 매 순간 나 자신의 감정, 생각, 행동을 관찰하며 무의식적·기계적 반응을 하지 않으려 했습니다. 그러면서 마치 '태풍의 눈'처럼 순간에서 순간으로 움직이며 어디에도 걸리지 않고 직관적으로 지금 여기의, 눈앞의 매번 새로운 상황과 하나가 되어 유연하게 대처하려 했습니다.[137]

그렇게 참나의 온전함에 대한 철저한 내맡김 속에서 현존하며 특

137) '쿨한 바보'는 기본적으로 특별히 두려워하거나 집착하고 욕심내는 것이 없기 때문에 어떠한 상황에서도 적절한 방식으로 자유롭게 대응할 수 있습니다.

히 인간의 가장 본래적 품성일 수 있는 진실하고 사랑하는 마음을 늘 견지하려고 노력했습니다. 그 결과, 보다 더 깊은 일체감 속에서 '쿨한 바보'답게 되며 동시에 직관력, 차크라 차원에서 깊은 각성이 생겼습니다. 그러면서 소심하거나 옹졸하지 않고 어떤 문제든지 와도 좋다는 태도로 그 무엇에 대해서도 심각하게 고민하거나 두려워하지 않을 수 있었습니다. 참나의 온전함을 잘 알고 또 믿고 있는 만큼 그 어떤 것도 시기하거나 집착하지 않고 불필요한 생각을 내려놓으며 '쿨'할 수 있었습니다. 설령 주위에 어떠한 일이 생기더라도 조화된 차크라 상태 속에서 직관을 따르며 크게 동요하지 않고 긍정할 수 있었습니다.

참나의 온전함에 대한 믿음이 완벽해지면 죽음에 대한 공포를 후려쳐버리고 낭떠러지를 향해서도 흔쾌히 걸어갈 수 있을 정도가 됩니다. 저 역시 '쿨한 바보'로서 균형 잡힌 차크라 상태에서 안정된 직관력을 사용하게 되면서 당장 하늘이 무너진다고 해도 움츠리지 않을 정도로 자신감을 갖고 더 의연하며 담대해진 것이 사실입니다.

있는 그대로 모든 것이 참나의 온전함 속에서 모나든 모나지 않든 여여(如如)하게 작용하고 있기 때문에 만약 걱정할 일이 생기고 시련을 겪는다면 그것은 자신의 잘못이라고 할 수 있습니다. 이미 갖추고 있는 참나의 온전함 속에서 우리는 원하는 현실을 만들고(허용하고) 자유롭게 살고 있지만, 집착, 탐욕 등 에고의 부정성으로 인해 본래의 근원적 흐름에서 벗어나며 고난을 겪는 거라고 할 수 있습니다. 즉 행복과 불행 그 어떠한 상황에 처하든 그것은 궁극적으로 본인의 생각이 불러온 것으로서 그 책임이 백 퍼센트 자신에게 있는 것입니다.

말하자면 마음대로 못 사는 것도 마음대로 하는 것이고, 마음대로 사는 것도 마음대로 하는 것이라고 할 수 있습니다. 자신이 본디 자유인으로서 배우일 뿐만 아니라 동시에 영화 제작자, 연출가, 시나리오 작가로서 순간순간 각자 본인만의 영화를 만들어가고 있다고 할 수 있습니다.[138)] 해피엔딩의 멋진 로맨스 영화가 될 것인지 암울한 결말의 재난 영화가 될 것인지는 본인 자신의 선택, 책임일 것입니다.[139)]

현재 생태계의 파괴, 빈곤과 양극화 심화 문제 등의 해결을 위해

---

138) 과거 영화광이던 시절, 예술적 창작 차원에서 영화 연출을 하려 했는데 지금은 삶 자체가 신들의 예술로서 그대로 영화이고 예술이 될 수 있다는 자각이 생기면서 영화 자체에 대한 관심과 열정은 많이 사라진 상태입니다. 그보다 저의 삶 자체를 예술로 만들 수 있도록 노력하고 있습니다.

139) 윤회, 전생을 믿는 사람이라면 마음의 여유를 조금 더 가져도 될 것입니다. 즉 이번 삶에서 지지부진하고 뚜렷한 결과물을 내지 못한 채 생을 마감하며 영화의 막을 내릴 것 같다면 '해리 포터 시리즈'처럼 다음 생에서 제2편의 영화를 제작하는 것을 계획하며 현실에 충실하시면 되리라고 봅니다.

전 지구적 차원의 대응책이 꼭 필요한 시점이라 할 수 있습니다. 그런데 이렇게 심각한 전 지구 차원의 위기에 있는 것도 궁극적으로 우리 각자가 불러온 것이고 그 책임이 다른 데 있지 않을 것입니다. 그러한 사실을 깨닫고 적극적으로 대책을 마련하며 생활을 개선해 나가지 않으면 파란 하늘 아래에서 청량한 공기를 마시는 등 현재 너무나 당연하게 누리고 있는 많은 것들을 앞으로는 체험하기 어려울 것입니다. 그렇게 이미 누리고 있는 '참나의 온전함'에 대해 저항하며 에고의 분리감에서 벗어나지 못한다면 누구나 궁극의 직관력 그리고 차크라의 정상적인 상태와 멀어질 것입니다. 또한 삶 속에서 그만큼 큰 고통을 받고 쓰라린 교훈을 얻게 될 것입니다. 아이가 심한 잘못을 하면 부모님이 꾸중하고 훈육하듯이 참나, 근원의 어머니 아버지가 우리의 오류에 대해 피가 날 정도로 가혹한 채찍질을 할지도 모릅니다. 그러한 고통을 통한 배움을 피하려면 모두가 인류라는 가족으로 새롭게 거듭나야 함을 자각하며 각자의 자리에서 변화의 흐름에 적극적으로 동참해야 할 것입니다.

따라서 '한마음'의 전체의식 속에서 진실한 마음으로 연민과 사랑을 갖고 누구에게나 다 '쿨한 바보'다움이 필요할 거라는 생각이 듭니다. 지금과 같은 어려운 시기일수록 '쿨한 바보'로서 궁극의 직관력과 차크라를 깨우며 항상 나와 남을 둘로 보지 않고 진실하게 비이기적 사랑을 실천해나가는 것이 중요하다고 할 수 있습니다.

지금까지 제6차크라 에너지를 주로 사용하는 사람들이 세상을 이끌어 왔다고 할 수 있습니다. 그런데 앞으로는 제7차크라를 주로 사용하는 '쿨한 바보'다운 사람들이 더 많아져서 그들이 선두에 서서 현실을 변화시키며 선도해 나가야 할 거라고 봅니다. 어떻든 많은 사람이 '쿨한 바보'가 되어 전 지구적 시각에서 인간적인 유대 및 연대 의식을 가지며 공존, 공동선을 지향해 간다면 많은 문제가 해결될 수 있을 거라고 생각합니다.[140)]

---

140) 제7차크라 개화 후에는 불교에서 말하는 완벽한 공(空), 적멸(寂滅)의 자리조차 내려놓아야 합니다. 궁극적으로 '쿨한 바보'를 지향하는 것조차 '쿨'하게 완벽히 내려놓아야 할 거라고 봅니다.

'쿨한 바보'의 길

이 원고를 쓰는 동안, 처음부터 끝까지 묘공당 대행 스님의 영향을 대단히 많이 받았습니다. 대행 스님의 가르침을 통해 제6·제7차크라를 각성하고 궁극의 직관력을 얻는 방법을 알아내는 데 결정적 도움을 얻었던 것이 사실입니다.

집필 내내 스님의 영상 법문 내용을 컴퓨터를 통해 아침, 점심, 저녁으로 매일 수차례 반복해서 듣고 녹취하는 작업을 했습니다. 스님이 가르치신 내용 하나하나를 모두 화두로 삼고 완벽하게 이해하기 위해 최대한 노력했습니다. 결국 제가 '쿨한 바보'로서 지향하고 있는 것은 대행 스님이 아래 법문에서 대장부에 대해 말씀하신 내용과 일치하기도 합니다.

"아무 자취도 남기지 않는 발걸음으로 걸어가라. 닥치는 모든 일에 대해 어느 것 하나 마다하지 않고 긍정하는 대장부가 돼라. 버린다, 안 버린다 하는 마음이 아니라 오는 인연 막지 않고 가는 인연 붙잡지 않는 대수용의 대장부가 돼라. 일체의 것에 물들거나 집착하지 않는 대장부가 돼라. 가장 평범하면서도 가장 비범한 대장부가 돼라."

-『건널 강이 어디 있으랴』 中에서